JÉSUS

ET LE

ROYAUME

LIBÉRER L'APPEL DE L'HUMANITÉ ET LA PUISSANCE DU ROYAUME

TOM CORNELL

JÉSUS ET LE ROYAUME

LIBÉRER L'APPEL DE L'HUMANITÉ ET LA
PUISSANCE DU ROYAUME

TOM CORNELL

SOZO PUBLISHING

LOUANGE À JÉSUS ET AU ROYAUME

Tom Cornell a dévoilé la compréhension de votre place dans le Royaume de Dieu et du but originel de votre existence sur terre. Je crois que chaque chrétien doit lire la Bible avec la perspective du Royaume, et non avec une perspective religieuse. « Car l'Éternel, le Très-Haut, est redoutable, il est un grand roi sur toute la terre » (Psaume 47:2). Cette compréhension du royaume caché qui réside en chacun de nous est une recette parfaite pour insuffler une vie nouvelle en Jésus-Christ. En lisant Jésus et le Royaume, laissez le Saint-Esprit vous transmettre l'autorité et la puissance surnaturelles du Royaume.

— DR ISRAEL KIM FONDATEUR ET
RESPONSABLE RÉSEAU
D'AUTONOMISATION DES MINISTÈRES DES
APÔTRES CENTRE APOSTOLIQUE LIVING
WATERS FEDERAL WAY, WASHINGTON

CONTENTS

INTRODUCTION

VOIR LA BIBLE À TRAVERS LE PRISME DE JÉSUS ET DE SON ROYAUME

S'il est une vérité qui transformera votre compréhension de la Bible dans son ensemble, c'est celle-ci : le dessein originel de Dieu pour l'humanité était son Royaume, et Jésus est venu le restaurer. La Bible n'est pas seulement un livre de principes religieux, d'histoires morales ou un plan d'évasion pour le ciel ; c'est la révélation du dessein divin de Dieu d'établir son règne sur la terre par l'intermédiaire de son peuple.

Au commencement, avant que le péché n'entre dans le monde, l'Éden était l'image même du règne parfait de Dieu : un lieu où le ciel et la terre ne faisaient qu'un, où l'homme vivait en parfaite harmonie avec la volonté divine. Adam fut créé à l'image de Dieu, investi du pouvoir de régner, de multiplier et de soumettre la terre à sa domination. Tel était le dessein originel : Dieu et l'homme régnant ensemble en parfaite harmonie.

Mais avec l'arrivée du péché, cet ordre divin fut bouleversé. La terre sombra sous la corruption et l'humanité perdit son autorité. Pourtant, depuis la Genèse, le plan de Dieu n'était jamais d'abandonner sa création, mais de restaurer ce qui était perdu. L'Ancien

Testament tout entier est le récit de l'engagement de Dieu à rétablir son Royaume sur la terre. Les prophètes parlèrent d'une restauration à venir, d'une époque où Dieu rachèterait ce qui était désolé et rétablirait son règne parmi les hommes (Ésaïe 61:4).

Puis Jésus est venu, et son premier message était : « Le royaume de Dieu est proche » (Marc 1:15). Il ne parlait pas seulement du salut du péché, il annonçait le rétablissement du règne de Dieu sur terre. C'est pourquoi il a enseigné à ses disciples à prier : « Que ton règne vienne ; que ta volonté soit faite sur la terre comme au ciel » (Matthieu 6:10). Jésus rétablissait ce qu'Adam avait perdu. Sa mission était de ramener le règne du ciel sur terre, et il l'a fait par sa vie, sa mort et sa résurrection.

De nombreux chrétiens passent leur vie à ne penser qu'au ciel, mais en réalité, le plan de Dieu a toujours été d'amener le ciel sur terre. Au lieu d'un plan d'évasion, Dieu a un plan de restauration. L'appel de chaque croyant n'est pas seulement de tenir bon jusqu'à son départ, mais de s'associer à Dieu pour voir son Royaume s'étendre dans tous les domaines de la vie.

De quoi parle ce livre

Ce livre traite de Jésus et de son Royaume. Il s'agit de redécouvrir l'Évangile non seulement comme un message de salut personnel, mais aussi comme l'annonce du rétablissement du règne de Dieu. Il s'agit de comprendre la Bible à travers le prisme du Royaume, en comprenant comment tout dans les Écritures désigne Jésus comme Roi et comment sa mission était de restaurer toutes choses selon le dessein originel de Dieu.

Si vous avez déjà eu l'impression que votre vie chrétienne se résumait à l'attente du ciel, ce livre vous réveillera à votre véritable raison d'être. Vous avez été créé pour marcher en harmonie avec Dieu, pour apporter son Royaume au monde qui vous entoure.

Au fil de votre lecture, votre perspective évoluera et vous commencerez à comprendre que le Royaume de Dieu n'est pas seulement une réalité future, mais une invitation présente – une invitation qui vous appelle à vivre pleinement en accord avec la volonté de Dieu, apportant la réalité du ciel sur terre dès aujourd'hui.

1

LE BESOIN DU ROYAUME

Il y eut un moment historique où les rues de Jérusalem résonnèrent des cris de « Hosanna ! Sauvez-nous ! » Le peuple étendit ses manteaux à terre et agita des branches de palmier tandis qu'un roi entrait dans la ville – non pas sur un cheval de guerre, mais sur un ânon. La scène était électrique, pleine d'attente. Un Messie était venu, mais pas de la manière dont on l'avait anticipé.

Ils imploraient le salut, conscients que quelque chose n'allait pas. Ils vivaient sous l'oppression, non seulement de Rome, mais d'un ennemi plus profond. Le problème dépassait les dirigeants ou les royaumes terrestres : il était spirituel. Quelque chose dans le monde, quelque chose dans leur cœur, était brisé. Il leur fallait plus qu'une révolution politique. **Ils avaient besoin d'un nouveau royaume.**

Pour comprendre la signification de ce moment – l'Entrée triomphale –, il faut remonter au commencement. Avant les cris du peuple, avant la croix, avant même que la loi ne soit donnée. Il faut remonter au moment où l'espoir de l'humanité fut murmuré pour la première fois dans le jardin d'Éden.

La Genèse, le livre des commencements, nous apprend que Dieu a créé un monde bon. Au milieu de ce monde, il a planté un jardin appelé Éden – qui signifie délice –, un lieu où le ciel et la terre se rencontrent, où Dieu marche avec l'homme. Il a créé l'humanité pour qu'elle s'épanouisse en relation avec lui-même, pour régner sur la création et pour connaître la vie sans mort.

C'était le Royaume originel de Dieu sur terre.

C'était un royaume fondé sur l'alliance – une relation de confiance, d'amour et d'obéissance entre Dieu et l'humanité. C'était un royaume de paix, où Adam et Ève vivaient en harmonie avec leur Créateur. Il n'y avait ni souffrance, ni oppression, ni injustice.

Mais quelque chose s'est mal passé.

Dieu avait donné à Adam et Ève la liberté de choisir, et ils ont fait le mauvais choix. Ils ont écouté la voix du serpent au lieu de celle de leur Créateur. Ce faisant, ils se sont séparés de la source même de la vie.

Les Proverbes nous avertissent : « *Telle voie paraît droite à un homme, mais son issue, c'est la voie de la mort.* » (*Proverbes 14:12*). Et tel fut le résultat : la mort entra dans le monde. Mort physique. Mort spirituelle. L'ordre créé fut brisé.

L'humanité était désormais gouvernée par autre chose que la sagesse divine. Au lieu de se confier à Yahweh, elle se fiait à sa propre intelligence. Et c'est ainsi que le péché et la mort prirent le dessus.

Le Royaume de Dieu a été perdu sur terre.

Pourtant, malgré leur échec, Dieu fit une promesse. Il déclara que de la femme naîtrait une semence qui écraserait la tête du serpent. Cette venue renverserait ce qui avait été fait. Elle restaurerait ce qui avait été perdu.

Mais pour écraser le serpent, il lui faudrait vaincre la mort elle-même.

À partir de ce moment, le monde attendit la réalisation de cette promesse. À mesure que l'histoire se déroulait, le besoin de l'humanité de ce Roi à venir devint de plus en plus évident.

La violence, la corruption et la rébellion se sont répandues. Les peuples de la terre ont bâti des villes et des nations, en quête de pouvoir, mais tous ont sombré dans le désordre. Les plus grands royaumes humains – l'Égypte, l'Assyrie, Babylone – ont été marqués non par la paix, mais par l'oppression. Chaque gouvernement terrestre était finalement gouverné par la même force : le péché.

Au lieu de régner avec Dieu, l'humanité a cherché à régner sans Lui.

Dieu appela alors un homme : Abraham. Il lui annonça que par sa descendance, toutes les nations seraient bénies. La promesse passa d'Abraham à Isaac, puis à Jacob. Jacob prophétisa alors sur son fils Juda :

« Le sceptre ne s'éloignera point de Juda... Et le peuple lui obéira »
(Genèse 49:10).

Un roi arrive.

Mais il ne vient pas immédiatement. Le peuple attend. Les générations passent. Puis, un jeune berger de Juda est oint comme roi : David. Serait-ce lui ? Il tue des géants, étend les frontières d'Israël et est appelé un homme selon le cœur de Dieu.

Mais ensuite il tombe.

Le péché de David avec Bath-Shéba prouve que lui aussi est sous l'emprise du péché. Il n'est pas celui qui brise le serpent. Pourtant, parce qu'il s'humilie devant Dieu, Yahweh lui fait une promesse : un membre de sa lignée siégera sur le trône pour toujours.

Comment est-ce possible ? Tout roi finit par mourir. Si la mort emporte tout souverain, alors pour que ce roi règne éternellement, il doit vaincre la mort elle-même.

Mais après David, les rois d'Israël deviennent plus corrompus. Le royaume se divise. Le peuple sombre dans l'idolâtrie. Les prophètes commencent à réclamer quelque chose de plus grand : un royaume non pas bâti par des mains humaines, mais qui ne finirait jamais.

Le besoin du Royaume de Dieu devient indéniable.

Le monde était rempli de rois, mais aucun d'eux ne pouvait réparer ce qui était brisé. Aucun d'eux ne pouvait ôter le pouvoir du péché et de la mort.

Puis, à un moment où l'espoir semblait perdu, une étoile apparaît dans le ciel. Des mages venus d'Orient – des Gentils – suivent sa lumière jusqu'à Bethléem, la cité de David. Et là, dans une crèche, repose l'enfant promis.

« Car aujourd'hui, dans la ville de David, il vous est né un Sauveur, qui est le Christ, le Seigneur » (Luc 2:11).

Un roi est né.

Mais il n'arrive ni riche ni puissant. Il ne naît pas dans un palais. Il est déposé dans une mangeoire. Sa naissance n'est pas annoncée aux souverains, mais aux bergers.

Ce n'est pas le royaume auquel le peuple s'attendait.

Jésus grandit, menant une vie sans péché, résistant aux mêmes tentations qui avaient vaincu Adam et Ève. Le serpent vient à lui dans le désert, comme il était venu à l'humanité dans le jardin, et lui propose un chemin plus facile. Mais Jésus refuse. « *Il est écrit* », déclare-t-il, s'accrochant fermement à la vérité de son Père.

Pourtant, lorsqu'il vient vers son peuple, celui-ci ne le reconnaît pas comme Roi. Ils s'attendaient à un Messie qui renverserait Rome, et non à un Messie qui souffrirait. Ils attendaient un lion, mais Jean-Baptiste le désigna du doigt et dit : « *Voici l'Agneau de Dieu, qui ôte le péché du monde !* » *(Jean 1:29)*.

Le peuple d'Israël aspirait au rétablissement de la gloire du trône de David. Il attendait de son roi qu'il entre à Jérusalem sur un cheval de guerre, lève une armée et chasse ses oppresseurs.

Mais Jésus entre sur un ânon.

Pourquoi ? Parce que sa mission n'était pas de faire la guerre à Rome, mais de vaincre la mort elle-même.

Il venait à Jérusalem non pour prendre le pouvoir, mais pour donner sa vie. Il se dirigeait vers le Golgotha, vers la croix. Et les gens, dont beaucoup venaient de le voir ressusciter Lazare, savaient qu'il avait changé.

Ils ont suivi en criant : « *Hosanna ! Sauve-nous !* »

Ils criaient après le salut, mais ils ne réalisaient pas encore ce que cela signifiait vraiment.

C'est pourquoi le Royaume de Dieu est nécessaire. Non seulement pour Israël, mais pour le monde entier. Tous les royaumes terrestres ont échoué. Tous les dirigeants humains ont failli.

Le péché régnait toujours. La mort régnait toujours.

Mais le roi était venu.

Et cette fois, il ne faillirait pas.

Voici l'histoire du Roi et de son Royaume. Voici l'Évangile de Jésus-Christ. Ce n'est pas un conte de fées. Ce n'est pas une histoire qui commence par « *Il était une fois* ». Elle est ancrée dans l'Histoire. L'Évangile est l'accomplissement de chaque prophétie, de chaque murmure, de chaque désir exprimé dans les Écritures.

Et maintenant, par sa mort et sa résurrection, il nous invite à revenir en Éden, pour nous délecter avec Dieu.

Le même Jésus qui est entré à Jérusalem sous la forme d'un Agneau reviendra sous la forme d'un Lion. Le Roi revient. Cette fois, non pas sur un ânon, mais sur un cheval blanc. Cette fois, non pas pour mourir, mais pour régner.

La tête du serpent a été écrasée. La mort a perdu son aiguillon. Le Royaume de Dieu est proche.

Et ceci... ceci est la bonne nouvelle qui apportera une grande joie à tous les peuples.

Questions de discussion

1. Les habitants de Jérusalem attendaient un messie politique pour les libérer de la domination romaine. En quoi l'arrivée de Jésus sur un ânon, plutôt que sur un cheval de guerre, remet-elle en question ces attentes ? Que révèle ce contraste sur la nature du Royaume de Dieu par rapport aux royaumes terrestres ?

2. En réfléchissant à l'Entrée triomphale et aux événements qui ont suivi la Passion de Jésus, comment la réponse de la foule à Jérusalem (« Hosanna ! Sauve-nous ! ») illustre-t-elle la profonde reconnaissance par l'humanité de sa propre fragilité et de son besoin de salut ? Comment cette scène enrichit-elle notre compréhension du salut comme étant plus qu'une simple délivrance physique ou politique ?

3. Discutez de la manière dont les échecs des royaumes et des dirigeants terrestres tout au long de l'histoire biblique (de l'Égypte à Rome) soulignent la nécessité du Royaume divin de Dieu. De quelles manières le Royaume de Dieu, tel qu'il est incarné par Jésus, apporte-t-il une solution aux problèmes du péché et de la mort qu'aucune puissance terrestre ne pourrait résoudre ?

2

LA PROMESSE DU ROYAUME

Tout ce que Jésus a dit devait suivre les croyants – tout. Je crois que la prière de Jésus : « Que ton règne vienne, que ta volonté soit faite sur la terre comme au ciel » doit s'accomplir et s'accomplira, et elle l'est par l'Église.

Quand je demande aux gens : « Quel était le message de Jésus dans les Évangiles ? » J'obtiens des réponses du genre : « Oh, c'était l'amour. Si l'on veut aller au cœur de son message, il s'agit d'amour. » Mais c'est faux. Ce n'est pas le cœur de son message. En fait, dans les Évangiles synoptiques, c'est probablement l'une des plus petites parties de son message. Jean, qui a écrit le dernier Évangile, parle d'amour. Dans la seconde moitié de l'Évangile de Jean, il parle davantage d'amour que dans les trois autres Évangiles réunis, car ce n'était pas le message de Jésus dans son intégralité .

D'autres me répondront : « Le pardon des péchés. » Ils diront : « Si l'on doit résumer le message de Jésus, c'est le pardon des péchés. » Là encore, ce n'est pas le point central du ministère de Jésus. Le message et le point central du ministère de Jésus-Christ sont le Royaume de Dieu. Jésus a prêché l'Évangile du Royaume de Dieu. C'était le point central de sa vie et de son ministère.

Nous ne comprendrons pas les Évangiles ni la Bible dans son inté-gralité si nous ne comprenons pas le message de Jésus-Christ. Le Royaume de Dieu est le cœur de son message.

Dès lors, Jésus commença à prêcher, et à dire : Repentez-vous, car le royaume des cieux est proche. Matthieu 4:17

La première chose que Jésus proclame dans Matthieu chapitre 4 est le Royaume de Dieu. Jean-Baptiste ? La même chose : le Royaume de Dieu. Jésus commence à parler un demi-chapitre seulement après Jean-Baptiste. Que proclame-t-il ? Le Royaume de Dieu. Il est allé prêcher l'Évangile du Royaume de Dieu. Comme nous le verrons, c'était le centre de la vie et du ministère de Jésus-Christ.

Une grande partie de l'enseignement de Jésus dans le livre de Matthieu se trouve dans les chapitres 5 à 7. C'est ce que nous appelons le « Sermon sur la montagne ». C'est ce que nous appelons l'éthique du Royaume, ou les voies du Royaume. Nous y reviendrons dans un chapitre ultérieur. Puis Jésus reprend la prédication de l'Évangile du Royaume. Du chapitre 8 jusqu'à la fin de l'Évangile de Matthieu, pourquoi ? Parce que c'était la somme de tous ses enseignements : l'Évangile du Royaume de Dieu.

Jésus a dit : « Si je chasse les démons par le doigt de Dieu, vous savez que le Royaume de Dieu est venu vers vous. » La raison même pour laquelle Jésus chassait les démons était à cause du Royaume. Tout ce que Jésus disait était centré sur le Royaume, et pourtant c'est probablement l'un des sujets les plus mal compris aujourd'hui. Point final. L'une des raisons est que, pour nous, les Américains, nous sommes Américains. Nous ne comprenons même pas ce qu'est un royaume. Nous sommes une république démocratique, alors pour nous, on se dit : « Des royaumes ? Euh, c'est comme la Grande-Bretagne ? » Dans notre monde occidental modernisé, nous ne comprenons pas vraiment ce qu'est un royaume, ce qui nous désavantage dans notre approche de l'Évangile.

Les royaumes sont liés au règne d'un roi. Ainsi, lorsque Jésus proclame qu'un Royaume est proche et qu'un Royaume vient, il parle du règne de quelqu'un. Pour mieux comprendre cela, il nous faut nous référer à l'Ancien Testament, car, comme je l'ai déjà dit, si nous lisons ces Écritures sans comprendre le message du Royaume, nous ne verrons pas ce que Jésus voulait que nous voyions dans nos vies : la manifestation de son Royaume et de sa volonté, accomplie sur terre comme au ciel.

Voici les miracles qui accompagneront ceux qui auront cru : en mon nom, ils chasseront les démons ; ils parleront de nouvelles langues ; ils saisiront des serpents ; et s'ils boivent quelque chose de mortel, cela ne leur fera aucun mal ; ils imposeront les mains aux malades, et les malades seront guéris. Marc 16:17-18

Nous avons probablement tous fréquenté, ou vu, une église qui parle beaucoup des Écritures, mais les choses que Jésus a annoncées pour les croyants ne les suivent pas. Alors, les gens fréquentent des églises où les démons sont chassés dans le hall, et les responsables ne cherchent pas à le cacher. Les malades sont guéris, et les fidèles s'y intéressent. Quelle est la différence ? Comprendre le Royaume.

J'ai fréquenté une école biblique, et vous savez tout ce qu'ils m'ont appris sur le Royaume. Rien. Ils n'en ont jamais parlé. Je plaisante toujours en disant que je veux récupérer mon argent. La raison est que j'ai essayé le ministère pendant dix ans sans comprendre le message du Royaume, et vous savez combien de vies j'ai vues changer ? Combien de guérisons et de délivrances ont suivi ? Très peu, au mieux. Et c'était vraiment dur . Je me suis dit : « Ces gens sont des pécheurs et ils ne cesseront pas de pécher. » Je me suis dit : « Je prêche la repentance. J'essaie de les amener à vivre libres, et ça n'arrive pas. Ça ne marche pas. Comment est-ce possible ? » Parce que je ne comprenais pas l'Évangile du Royaume, et les gens non plus. Alors je me suis dit : « Je ne veux plus jamais faire ça. »

Si le seul message de Jésus concernait le Royaume de Dieu, devinez quel est le seul message de l'Église ? Le Royaume de Dieu. On le retrouve dans le livre des Actes. Au chapitre 8, nous lisons l'histoire de Philippe, l'évangéliste.

« Mais, quand ils eurent cru à Philippe, qui leur annonçait la bonne nouvelle du royaume de Dieu et du nom de Jésus-Christ, hommes et femmes se firent baptiser. » Actes 8:12

Les Écritures disent aussi qu'il accomplit des miracles, chassa des esprits impurs et guérit de nombreux boiteux et paralysés. Une grande joie régnait donc dans cette ville. Puis les apôtres descendirent et les croyants furent baptisés du Saint-Esprit plus tard dans le chapitre. Alors, devinez quoi ? Cela illustre parfaitement ce que Jésus avait annoncé : la délivrance, la guérison et le parler en langues. Tout cela se déroule dans un court passage des Actes, et cela se répète sans cesse.

Cela s'est produit chaque jour dans la vie de Jésus, et cela s'est produit chaque jour dans la vie des disciples. Mais cela n'arrive pas dans la plupart des nôtres, car nous ne comprenons pas le Royaume. Mais à la fin de ce livre, je veillerai à ce que nous comprenions tout cela par la grâce de Dieu, à travers le prisme de Jésus-Christ et du Royaume de Dieu.

À cause de l'entrée du péché dans le monde, la venue d'un Roi est désormais nécessaire. Adam et Ève avaient un Roi. Ils ont abandonné son règne et se sont soumis à un nouveau roi qui règne sur un royaume de ténèbres. Ce sont tous des thèmes abordés dans les Écritures. La Bible parle de notre époque et de l'ère à venir. Si vous commencez à comprendre cette époque et l'ère à venir, vous comprendrez le langage du Royaume. Jésus a parlé du souverain de cette époque, puis du Seigneur, le nouveau Roi des rois. Nous avons donc le souverain de ce monde, ou de cette époque, et nous avons le Roi du Royaume de Dieu, Jésus-Christ, le Roi du Royaume qui est venu et qui vient.

Tout l'Ancien Testament fait référence à un Roi, à un Royaume et à une ère nouvelle. Nous le constatons à maintes reprises dans les Écritures. Je souhaite vous montrer, aussi rapidement et succinctement que possible, comment saisir ce fil conducteur du Royaume de Dieu tout au long de l'Ancien Testament.

Un événement s'est produit dans l'Ancien Testament. Adam et Ève ont péché, ce qui a engendré le besoin du Royaume de Dieu. Le péché entre dans le monde, et lorsqu'il y entre, la mort y entre. Pourquoi ? Parce que le salaire du péché, c'est la mort. Ainsi, la mort entre dans le monde, et parce qu'un seul homme a péché, tous ont péché. Parce qu'un seul homme est mort, tous sont morts, jusqu'à Jésus-Christ. Il faut donc comprendre que ce qui affligeait l'homme au début de la Bible, dans Genèse chapitre 3, est toujours le même qui afflige l'homme aujourd'hui. Cela n'a pas changé.

La raison pour laquelle vouloir simplement être une bonne personne ne fonctionne pas, c'est qu'au tout début, il y avait un monde parfait où l'espace de Dieu et le nôtre se chevauchaient. C'était merveilleux. Adam et Ève étaient nus. Si vous êtes marié et n'avez pas encore d'enfants, vous savez comment c'était – c'était avant les enfants, n'est-ce pas ? Vous vous promenez dans la maison en tenue d'enfant. Aucune honte. Et c'est un monde merveilleux. Dieu y marche librement. C'est un endroit magnifique. C'est un Royaume. Le règne de Dieu est parfait.

Mais il y avait quelque chose dans le Royaume qu'ils n'étaient pas censés toucher. C'était l'arbre de la connaissance du bien et du mal. Ils n'étaient jamais censés en manger. À aucun moment, ils ne se sont dit : « Bon, maintenant, on peut en manger. » Mais Adam et Ève ont pris une décision qui leur a démontré qu'ils étaient plus doués que Dieu pour discerner le bien du mal. Dieu leur a dit : « Cet arbre n'est pas pour toi. Il te mènera à la mort. N'en mange pas. » Alors, Adam et Ève ont semblé penser : « Vraiment ? Je ne sais pas, peut-être sommes-nous meilleurs juges de ce qui est bien et de ce qui ne l'est pas, de ce qui est mal et de ce qui ne l'est pas. » Voilà comment l'homme se détourne de la domination et du règne de Dieu.

Or, voici ce qu'il faut comprendre : à un moment quelconque de l'Ancien Testament, voyons-nous des humains réussir à choisir et à déterminer eux-mêmes ce qui est bien et ce qui est mal ? Non. Adam et Ève ont immédiatement des enfants, et l'un tue l'autre.

D'emblée, il pense que c'est bien et juste. Combien d'entre vous ont eu des enfants ou ont été entourés d'enfants à un moment ou un autre ? Sont-ils doués pour distinguer le bien du mal ? Aucun d'entre nous. Généralement, on les entend dire « À moi ! » et ensuite ils frappent un autre enfant. A-t-on dû leur apprendre cela ? Non. Ils vont chez quelqu'un d'autre et continuent à dire « À moi ». Il y a quelque chose en eux, depuis leur naissance, qui les empêche de discerner le bien du mal. Ils sont nés avec une nature corrompue. Nous devons donc tous accepter Jésus-Christ pour avoir la nature divine.

Nous constatons que, depuis Adam et Ève, les hommes ont constamment tendance à déterminer le bien et le mal, le bien et le mal, et ils n'y parviennent pas. C'est ce qui explique le déluge avec Noé. C'est ce qui explique la tour de Babel. Ils pensent que c'est une bonne idée de se construire un trône dans les cieux, et Dieu dit : « Ce n'est pas bien. Trouvons leur langage pour qu'ils ne puissent plus communiquer entre eux et commettre le mal qu'ils désirent. » Dieu répond : « Nous ne pouvons pas laisser cela arriver. »

Encore une fois, dans Genèse chapitre 6, nous voyons des anges pécher – la même chose. Ils décidèrent de déterminer eux-mêmes ce qui était bien ou mal, au lieu de laisser Dieu le décider. Ils vinrent et eurent des relations avec des femmes. Ils eurent des enfants avec elles, et ces enfants devinrent les géants de l'époque. Nous voyons donc des géants en Terre promise, et ce sont ces gens corrompus, qui en sont issus. Tout cela est lié à la corruption du cœur des hommes, due au choix d'Adam et Ève de décider du bien et du mal sans l'aide de Dieu.

La tour de Babel devient une image de ce problème tout au long de l'Ancien Testament. Le problème est que lorsque l'homme accède au pouvoir avec un cœur corrompu, il commence à corrompre. Et quand on regarde l'Égypte, elle en devient un autre exemple. Pharaon devient une image de Babel. Il pense : « Vous savez quoi ? Ces esclaves ont trop d'enfants. Tuons leurs premiers-nés. Tuons leurs garçons, leurs bébés mâles. » Ce n'est pas bien, mais il semble le penser. Pour Pharaon, c'était une bonne chose à faire. Voyez-vous que nous ne sommes pas doués pour juger ?

Et le même problème existe encore aujourd'hui. Babel est toujours notre problème, et elle corrompt même l'Église. Aujourd'hui, les gens disent : « Je ne veux pas de cet enfant, alors je vais m'en débarrasser. » Quand on lit l'histoire de Pharaon dans la Bible, personne ne se dit : « Il a l'air d'un homme formidable. » Non, il essaie de tuer des bébés et de détruire des familles. Et pourtant, dans notre société, nous le faisons tous les jours. Et une grande partie de l'Église n'y voit aucun inconvénient. Nous disons : « C'est le choix de la femme », ce qui revient à dire : « C'est le choix de Pharaon. » Non, ce n'est pas votre choix. La vie est la vie.

Elle appartient au Seigneur, et vous n'êtes pas censé la prendre. C'est un péché.

L'arbre de la connaissance du bien et du mal est le même qui corrompt Babel, corrompt l'Égypte et asservit le peuple de Dieu, son peuple élu, Israël. Israël est désormais asservi par ce pouvoir corrompu, et Dieu devient un libérateur. C'est la première fois que nous voyons Dieu comme le Dieu du salut. Il délivre son peuple des mains de Pharaon, qui sont comme les mains de Babel, n'est-ce pas ? Des cœurs corrompus. Puis, dans Exode chapitre 15, le Seigneur fait sortir Israël des eaux, et ils chantent un cantique. Ils prononcent ces paroles :

Je chanterai à l'Éternel, car il a glorieusement triomphé ! Il a jeté à la mer le cheval et son cavalier ! L'Éternel est ma force et le sujet de mes louanges, et il est mon salut. Exode 15:1-2

C'est la première fois que Dieu est mentionné comme le Dieu du salut. Il est un sauveur, un libérateur. Le mot « salut » signifie secourir et délivrer. Israël commence alors à appeler cet événement « le Jour du Seigneur ». Ce terme est si important : il est présent tout au long de la Bible, même dans le livre de l'Apocalypse. Il est directement lié au message du Royaume. Cela permettra à beaucoup de choses dans la Bible de cesser de paraître étranges et de prendre sens.

Comprenons ce qu'est le « Jour du Seigneur ». C'est le jour où Dieu se manifeste et rétablit la justice. Il juge les injustes et délivre les opprimés. C'est le « Jour du Seigneur ». C'est ce qu'Israël célébrait et appelait « Pâque ». Mais ils l'appelaient d'abord « le Jour de Yahvé », « le Jour du Seigneur ». Ce thème devient un thème central des Écritures, tout au long de l'Ancien Testament et même du Nouveau. Le peuple de Dieu attend que le Seigneur fasse advenir le Jour du Seigneur.

Mais comme nous le lisons dans le récit, Israël entre en Terre promise, et devinez ce qui se passe ? Ils sont eux aussi corrompus par Babel. Cette créature maléfique qui dit : « Tu es meilleur pour discerner le bien du mal, le bien du bien, alors choisis. » Ils commencent alors à choisir, et nous le voyons dans les Écritures, où les rois commencent à confisquer des terres à des gens simplement parce qu'ils les convoitent. La reine Jézabel reconnaît le désir de son mari pour quelque chose qui n'est pas à lui, qui appartient à quelqu'un d'autre, et dit : « Je te l'obtiendrai » (voir 1 Rois 21). Et ils prennent la terre à ceux à qui elle appartient (Naboth et sa famille). Israël a fait bien d'autres choses de ce genre, et la réponse de Dieu par l'intermédiaire des prophètes est essentiellement : « Bon, un autre jour viendra, et quand ce jour viendra, ce sera comme si l'audience avait eu lieu, et le juge siégera et rendra son verdict. Ceux qui ont été injustement traités seront justifiés, et ceux qui ont injustement traité les autres seront punis pour leur injustice. »

Le Jour du Seigneur approche, et tous les prophètes en parlent – un jour où Yahweh fera justice. Israël pense que ce sera un jour heureux. Il se dit : « Un jour viendra, et ce sera un jour heureux. » Puis les prophètes commencent à dire : « Le Jour merveilleux du Seigneur. » Et un autre prophète dit : « Le Jour redoutable du Seigneur. » Israël se demande : « Alors, lequel est-ce ? Est-il bon ou redoutable ? » Il faut comprendre que nos actions déterminent si ce sera un jour heureux ou redoutable. Le Seigneur dit dans Michée :

> *« Il t'a fait connaître, ô homme, ce qui est bien ; et ce que l'Éternel demande de toi, c'est que tu pratiques la justice, que tu aimes la miséricorde, et que tu marches humblement avec ton Dieu. »*
> *Michée 6:8*

Dieu dit : « Ne vous inquiétez pas de ceux qui vous traitent injustement et prospèrez. » Il y aura un jour de rétribution et de justice. Ils brûleront comme de la paille. Le Jour du Seigneur arrive. Et devinez quoi ? Le Jour du Seigneur viendra, mais pas comme ils l'espéraient. Car une partie du message de Dieu à Israël était qu'ils étaient devenus les oppresseurs. Ils étaient devenus l'ennemi même dont Dieu les avait délivrés.

Babylone entre sur Jérusalem et la prend. Jérusalem est la ville perchée sur une colline, là où notre lumière est censée briller, une lumière semblable à celle d'une ville perchée sur une colline. Jérusalem est la ville de la paix. Prendre une ville perchée sur une colline est très difficile . Celui qui s'y attaque est désavantagé, surtout si la ville est entourée de remparts. Eh bien, devinez quoi ? Jérusalem avait des remparts, et elle était perchée au sommet d'une colline, très difficile à prendre. Alors, Babylone arrive, et les prophètes disent : « Ils arrivent. » Jérémie dit : « Écoutez, ça ne va pas bien se passer. Le Seigneur va faire cela. » Et Israël répond : « Ce n'est pas possible », et en un instant, ils sont emmenés en captivité, et c'est le Jour du Seigneur. Le jugement a été rendu, non pas sur les ennemis d'Israël, mais sur Israël, car c'étaient eux qui transgressaient. Ils volaient les pauvres.

Ainsi parle l'Éternel : À cause de trois crimes d'Israël, Même de quatre, je ne révoquerai pas mon arrêt. Parce qu'ils vendent le juste pour de l'argent, Et le pauvre pour une paire de sandales. Ils soupirent après la poussière de la terre qui est sur la tête des pauvres, Et ils pervertissent la voie des humbles. L'homme et son père vont vers la même jeune fille Pour profaner mon saint nom. Ils se couchent près de chaque autel sur des vêtements pris en gage, Et boivent le vin des condamnés Dans la maison de leur dieu. Amos 2:6-8

Voilà ce qui se passe. Un père et son fils couchent avec la même femme – la Bible interdit cela. Israël répond : « Mais nous le voulons. » Leur cœur a été corrompu par Babel. Ils couchent avec des prostituées du temple, adorant un dieu étranger. Même marié, on couche avec la prostituée du temple, adorant ainsi un dieu étranger. L'un des passages qui se passe ici se trouve dans l'expression « vêtements pris en gage ». Israël prenait les vêtements des pauvres – c'est leur seul vêtement, même leur couverture la nuit. Et l'Écriture dit :

> *Si tu prends en gage le vêtement de ton prochain, tu le lui rendras avant le coucher du soleil. Car c'est sa seule couverture, c'est un vêtement pour sa peau. Avec quoi couchera-t-il ? Et s'il m'invoque, je l'exaucerai, car je suis miséricordieux. Exode 22:26-27*

Ainsi, Israël prend les vêtements des pauvres. Non seulement ils ne les rendent pas, mais ils les utilisent pour coucher avec les prostituées sur les marches du Temple. Dieu annonce donc que le Jour du Seigneur viendra, et il viendra : Babylone viendra et les emmènera en captivité.

Israël comprit que le Jour du Seigneur serait un jour de jugement, mais qu'il y aurait ensuite un jour de salut. Alors, Israël commença à dire : « Le salut doit venir, car nous avons payé pour ce péché. » Puis, Israël put rentrer chez lui, et c'est alors que Néhémie et Esdras reconstruisirent Jérusalem. Mais tout au long de cette période , des murmures commencèrent à s'élever au sujet d'un Roi à venir – un Roi comme David, qui siégerait sur son trône.

Pourquoi David ? Parce qu'il a vécu et régné à l'époque de la plus grande prospérité d'Israël. David était un homme selon le cœur de Dieu, un homme vertueux malgré tous ses péchés. Ainsi, David et son trône sont l'image de ce Roi à venir. Dieu a même prophétisé à David, lui promettant qu'un descendant de sa lignée siégerait sur son trône pour toujours. Israël a commencé à proclamer la venue du Roi et qu'il instaurerait le Jour du Seigneur – le salut qu'ils étaient censés recevoir à leur libération de Babylone, car, à leur retour, Jérusalem était encore en ruines. La promesse d'Ésaïe 52 était qu'ils verraient Yahvé revenir à Jérusalem et qu'il réconforterait son peuple. Mais cela ne s'est pas produit lorsqu'Israël a été libéré de la captivité.

Israël murmurait : « Le jour du Seigneur arrive », et Ésaïe 40 parle d'un homme sauvage qui aplanirait le chemin dans le désert et préparerait le chemin de la venue du Seigneur. Puis Jean-Baptiste entre en scène et prêche le Royaume de Dieu. Il y a donc cette fusion entre le Jour du Seigneur et le message du Royaume de Dieu, et un message commence à émerger concernant ce siècle et celui à venir.

Cette époque est gouvernée par Satan, le péché, la mort et le mal. C'est le problème de Babylone, le problème du cœur humain. Cette époque est gouvernée par Satan, mais quelqu'un viendra, la descendance de David, et il mettra fin à cette époque. Ce sera le Jour du Seigneur. Jean-Baptiste a dit : « Le van est dans sa main. Le Jour du Seigneur arrive, le Royaume de Dieu est proche. » Les gens ont commencé à se demander : « Que devons-nous faire ? » Jean a dit : « Faites-vous baptiser, lavez vos péchés, montrez votre approbation et vivez dans la justice, car le Seigneur Yahweh revient à Jérusalem, alors préparez-vous. » C'est l'attente d'Israël : Yahweh est en route. Le Jour du Seigneur va venir, et ce sera un jour de vengeance pour les méchants. Il va diviser le temps en deux, et il y aura cette époque-là et cette époque-ci.

Puis il vient, enveloppé dans un linge et couché dans une crèche, contrairement à ce qu'ils attendaient. Dans leur esprit, il était né dans la mauvaise ville. Ils avaient toutes ces idées préconçues sur ce que serait le Messie. Le mal de leur époque était Rome, alors ils pensaient qu'il devait venir pour la détruire, qu'Israël régnerait comme David et que le Royaume serait rétabli physiquement. Ainsi, le Jour du Seigneur viendra en la personne de Jésus-Christ.

En un sens, le Jour du Seigneur est le Calvaire, et Jésus Lui-même s'attaque au véritable mal, et non à Rome. Il laisse le péché, la mort et le mal l'attaquer de toutes leurs forces. Ils déversent sur lui toute leur puissance et leurs armes, et il les emporte au tombeau, puis, le troisième jour, il les ressuscite. C'est aussi un Jour du Seigneur. La croix était un jour de jugement – votre jugement et mon jugement s'abattent sur lui. Et la résurrection est un jour de salut. C'est un jour où tous ceux qui croient et invoquent le nom du Seigneur seront délivrés. C'est un Jour du Seigneur. Le jour du jugement arrive, puis le jour du salut. Ainsi, Jésus proclame Ésaïe 61:1-2 :

> *L'Esprit du Seigneur, l'Éternel, est sur moi, car l'Éternel m'a oint pour porter de bonnes nouvelles aux malheureux ; il m'a envoyé pour guérir ceux qui ont le cœur brisé, pour proclamer aux captifs la délivrance, et aux prisonniers la délivrance, pour publier une année de grâce de l'Éternel. Ésaïe 61:1-2*

Il proclame le Jour du Seigneur. C'est aussi une image du Jubilé, l'annulation de toutes les dettes. Israël n'a jamais célébré de Jubilé, et Jésus-Christ en célèbre un sur le bois du Calvaire, permettant ainsi l'annulation de toutes les dettes et le retour de tout (nous, en l'occurrence) à son propriétaire légitime (Dieu).

Alors, vous et moi, nous nous souvenons du Jour du Seigneur, et devinez ce que disent les Écritures ? Un autre Jour arrive encore ! Et nous, comme Jean-Baptiste, sommes censés proclamer l'Évangile du Royaume, la venue de ce Roi, la séparation entre ce monde et le monde à venir. Ils s'attendaient à ce que cela arrive alors, mais notre Dieu est un Dieu de grâce et de miséricorde, un Dieu patient, qui ne veut pas qu'aucun périsse, mais que tous soient sauvés.

Un jour viendra donc : le trône blanc du jugement, le Jour du Seigneur. Les sceaux seront brisés, et l'Agneau de Dieu sera digne d'instaurer un autre « Jour ». Apocalypse 21 parle de l'entrée dans la Nouvelle Jérusalem. C'est le Jour du Seigneur. Le premier jour est le jour du jugement devant le trône blanc. Puis viendra le jour du salut : l'entrée dans la Nouvelle Jérusalem. Tout tourne autour du Jour du Seigneur. Votre salut a été rendu possible grâce au Jour du Seigneur. Et un jour viendra où il n'y aura plus aucune possibilité de se repentir, ni pour vous, ni pour moi, ni pour quiconque. Ce jour viendra comme un voleur dans la nuit. Et s'ils ne sont pas prêts, s'ils n'ont pas changé de vêtements, s'ils n'ont pas accepté le prix de leurs péchés, ce jour-là, il n'y aura plus de miséricorde.

Ainsi, l'Église est le messager de Dieu, annonçant que le Jour du Seigneur approche. Yahweh vient. Ce sera un jour heureux pour ceux qui placent leur confiance en Jésus-Christ. Il est la seule voie d'accès. Son nom signifie littéralement salut. La seule voie d'accès à la cité du salut passe par la personne du salut. Il est la porte. Il est la porte. Nous devons entrer par lui.

Yeshuah — Yahweh est le salut. Et pour ceux qui disent : « Tous les chemins mènent à Dieu ou au Ciel », non, ils ne mènent pas à Dieu. La Bible rapporte que Jésus a dit de lui-même : « Nul ne vient au Père que par moi. » Il est la porte d'entrée dans l'éternité. Ainsi, le Jour du Seigneur, ce monde et le monde à venir – le Royaume de Dieu – sont tous liés. Nous offrons à un monde mourant, blessé et brisé la possibilité d'être sauvé de la noyade dans son péché. Mais nous devons invoquer le nom du Seigneur, et le nageur sauveteur – Yahweh – plongera pour nous secourir. Mais vous devez invoquer son nom, et vous serez délivrés. Vous serez sauvés des puissances de ce monde, et vous deviendrez une nouvelle créature en Jésus-Christ.

L'avènement d'un jour suscite en nous un zèle insatiable. Jésus dit qu'il viendra sur nous de manière inattendue. Si nous vivons encore selon l'esprit de Babel et de Babylone, ce sera un jour grave.

C'est grave que Yahweh vienne sur vous. C'est terrible si vous n'êtes pas prêt pour le Seigneur.

Il ne faut pas jouer avec cette vie. Il dit qu'elle est une vapeur – ici aujourd'hui, disparue demain. Soyez très prudents avec elle. Soyez très prudents. Mais à ceux qui recherchent la justice et Son Royaume, que dit-Il ?

« Cherchez premièrement le royaume et la justice de Dieu ; et toutes ces choses vous seront données par-dessus. » Matthieu 6:33

Cherchez cela d'abord. Il y a un pieu planté au Calvaire, et il y en a un autre. Seul le Père sait quand il viendra. C'est un temps de grâce et de miséricorde de Dieu. Il est assis comme un nageur, attendant votre appel. Mais si vous ne le faites pas, vous ne serez pas sauvé, et ce ne sera pas sa faute. Il était là, prêt, attendant votre appel.

Paul et Silas étaient en prison. Pour la plupart d'entre nous, cela aurait été comme se noyer. Mais que firent-ils ? Ils adorèrent le Seigneur. Ils dirent : « Voici le jour que le Seigneur a fait. Nous devons l'adorer en ce jour. » Ils étaient tout excités. Devinez ce qui se passa ? Le gardien et sa famille commencèrent à être sauvés. Des signes commencèrent à accompagner ces croyants.

Maintenant, vous êtes peut-être dans une prison spirituelle, et les puissances des ténèbres et du péché continuent de vous submerger. Vous pensez peut-être : « Je vais bien. Je crois en Jésus. » Mais vous êtes-vous repenti ? Avez-vous invoqué le nom du Seigneur et vous êtes-vous sincèrement repenti ? Lui avez-vous permis de vous arracher à ce royaume ? Vous devez vous débarrasser de ces choses de Babel et de Babylone, vous en débarrasser et vivre une vie sainte et juste en ce temps-ci, afin que le Jour du Seigneur soit un jour heureux. Ce sera un jour de fête pour vous.

Vivez de telle sorte que ce jour ne soit pas une source de peur, mais un jour de joie. Amen.

Questions de discussion

1. Comment le fait de reconnaître le Royaume de Dieu comme le thème central du ministère de Jésus influence-t-il votre compréhension des Évangiles ?

2. De quelles manières pratiques pouvez-vous donner la priorité à la recherche du Royaume de Dieu dans votre vie quotidienne ?

3. Réfléchissez aux domaines de votre vie où vous vous fiez peut-être à votre propre compréhension du bien et du mal plutôt qu'à la direction divine. Pourquoi est-il difficile de se soumettre à Dieu, et comment les croyants peuvent-ils se soutenir mutuellement dans ce cheminement ?

4. Que signifie pour vous personnellement le « Jour du Seigneur » et quel impact a-t-il sur votre vision de la vie ?

5. Comment pouvez-vous vivre activement en étant prêt pour ce jour et encourager les autres à faire de même ?

3

L'ARRIVÉE DU ROYAUME

Je souhaite que l'Église comprenne l'intégralité des Écritures, et je crois que la meilleure façon de les comprendre comme un récit unifié – de la Genèse à l'Apocalypse – est à travers le prisme du Royaume de Dieu. Je vois tant de gens qui vont à l'église, qui aiment Jésus et qui lisent la Bible, mais qui ne suivent pas les préceptes de Jésus. J'en accuse l'Église. Je n'en accuse pas les croyants, alors ne vous sentez pas condamnés. Je souhaite simplement que l'Église soit celle que Dieu a créée.

Il voulait que signes et prodiges accompagnent l'Évangile du Royaume comme preuve du salut : guérisons, délivrances et miracles (voir Marc 16:17-18, Hébreux 2:4). Le Royaume doit accompagner ceux qui en sont citoyens partout où ils vont. Il a suivi Jésus, et il voulait qu'il suive aussi nos vies. Mais pour que cela se produise, il nous faut réaligner nos cœurs et nos esprits, et l'un d'eux est de comprendre le Royaume de Dieu.

Comme mentionné précédemment, c'est là l'essentiel du message de Jésus. Pour mieux le comprendre, il faut d'abord comprendre qu'un Roi a été promis, puis comprendre son arrivée. Pourquoi pensons-nous que l'arrivée de Jésus a été accompagnée d'anges au ciel et sur terre, annonçant la « bonne nouvelle pour tous les hommes », annonçant la naissance d'un Sauveur ? Nous le disons à Noël, mais c'est quelque chose que nous devons garder à l'esprit en permanence, car c'est ce dont le monde a besoin : une bonne nouvelle pour tous les hommes.

Lorsque nous ouvrons les Écritures dans la Genèse, le mot « Genèse » signifie « commencements » – d'où « au commencement ». Nous voyons au commencement qu'il y a un Dieu bon qui crée un monde bon et un jardin. Puis, il place la seule créature qu'il a créée à sa ressemblance dans ce jardin pour qu'elle marche avec lui et communie avec lui. D'autres créatures étaient là, mais elles n'étaient pas faites à son image et à sa ressemblance. L'image de Dieu est placée sur ces créatures que nous appelons humains. Elles ont été placées là pour communier avec Dieu, dans ce lieu où le ciel et la terre se chevauchent.

Dans notre mentalité occidentale, nous avons la terre et le ciel, et dans notre esprit, il n'y a aucun lien entre les deux. Mais au commencement, il y avait une connexion totale entre les deux. Il y avait une superposition de l'espace de Dieu et du nôtre. Nous marchions dans l'espace de Dieu, et Dieu marchait dans le nôtre.

Nous pensons souvent qu'un jour nous mourrons et irons au ciel si nous croyons en Jésus. Aussi vrai que cela puisse paraître, ce n'est pas le thème central des Écritures. Le thème des Écritures est que Dieu cherche à amener le ciel sur terre. Il essaie de résoudre le problème de la séparation entre « l'espace de Dieu » et « notre espace ». Pour Lui, la séparation de nos espaces est un problème. Il veut que nos espaces ne fassent qu'un, que nous soyons un avec Lui dans notre espace – le sien et le nôtre inclus. C'est pourquoi Jésus a prié et nous a appris à prier : « Que ton règne vienne ; que ta volonté soit faite sur la terre comme au ciel. » C'est ce qu'il veut, et c'est pour cela qu'il est venu.

Si nous ne comprenons pas l'intégralité des Écritures dans ce but, nous passerons à côté de l'essentiel. Le paradis ne consiste pas à se reposer éternellement sur des nuages, avec de petits bébés dodus jouant de la harpe. Ce n'est pas l'image du paradis, ni celle de l'éternité. Quand les gens pensent ainsi, ils trouvent le paradis ennuyeux, car ils voient une image peinte par quelqu'un d'autre, et non ce que les Écritures enseignent.

Certains pensent que l'Évangile, c'est Jésus qui dit : « Si vous ne m'aimez pas, je vous enverrai en enfer. » Ce n'est pas l'Évangile, point final. Le péché mène à la mort. Dieu a tant aimé le monde qu'il a envoyé son Fils mourir pour nous afin que nous puissions recevoir sa récompense, la vie. Il ne s'agit pas de dire : « Aimez-moi ou je vous enverrai en enfer. » Nos mauvais choix nous ont envoyés en enfer, et Dieu est venu et est allé en enfer pour nous afin que nous puissions habiter son espace et voir le ciel et la terre réunis en un seul peuple.

C'est l'Évangile. Nous devons le voir clairement afin que ce que nous partageons avec les autres reflète fidèlement ce que Dieu a communiqué. Dieu n'a jamais voulu être séparé de ses enfants. La séparation entre l'espace de Dieu et le nôtre est due à l'humanité. L'humanité a choisi de s'asseoir sur un trône différent de celui que Dieu lui a donné pour régner avec lui sur la création. Elle s'est assise sur son propre trône, régnant comme elle l'entendait, décidant du bien et du mal à ses yeux. Le mal est entré dans son cœur et a apporté avec lui sa puissance.

Les Écritures disent que le serpent – appelé le diable et Satan, le dragon ancien, celui qui était dans le jardin – a rempli leurs cœurs et règne désormais sur eux, assis avec lui sur un trône, gouvernant la terre selon ses voies. Cela conduit au péché, à la mort et au mal. Jésus dit que Satan est venu pour voler, tuer et détruire. C'est ce qui est entré dans le cœur de l'humanité. La mort n'a jamais été le plan de Dieu ni son intention pour nous. La vie éternelle a toujours été le plan du Père pour nous. Mais lorsque nous avons choisi le péché, cela a conduit à la mort, comme il nous l'avait prévenu.

Dieu dit même à Caïn : « Le péché frappe à ta porte. N'ouvre pas. Il te tuera. » Caïn ouvre la porte, et il tue son frère, puis lui-même. Le péché mène à une ville appelée Babel, où la même corruption qui s'était emparée de Caïn a corrompu toute la ville. Dieu dit que ce n'est pas bon, et il divise les nations. Mais son plan a toujours été de les rassembler un jour en une seule nation.

Dieu choisit donc un homme nommé Abraham. Il lui dit : « Je ferai de toi une nation, une nation qui bénira la terre au lieu de la maudire. » Comme nous l'avons vu, l'espoir naît que quelqu'un viendra racheter l'humanité. Dieu dit que ce sera la descendance d'Abraham. Abraham a Isaac. Isaac a Jacob. Jacob a un fils nommé Juda. Juda tiendra le sceptre, symbole d'un roi. Celui-ci sera roi. Moïse voit ce même roi. Il dit : « Un prophète plus grand que moi. »

Je leur susciterai du milieu de leurs frères un prophète comme toi, je mettrai mes paroles dans sa bouche, et il leur dira tout ce que je lui commanderai. Deutéronome 18:18

Balaam dit : « Une étoile sortira de Jacob, un sceptre s'élèvera d'Israël. » Une étoile sera le signe de l'arrivée du Roi. Puis, dans les Écritures, nous voyons l'image du trône de David. Dieu dit à David :

« Quand tes jours seront accomplis et que tu seras couché avec tes pères, j'élèverai ta postérité après toi, celui qui sortira de tes entrailles, et j'affermirai son règne. » 2 Samuel 7:12

Dieu dit : « Quelqu'un va s'asseoir sur ton trône, David, et il aura un royaume. » Alors comment se fait-il que, dans le

Nouveau Testament, le message de Jésus parle d'un royaume ? Parce qu'il parle d'un Roi venu pour régner. Dieu dit : « Il bâtira une maison à mon nom, et j'affermirai le trône de son royaume pour toujours. » L'histoire devient encore plus belle. Au verset 14, il dit : « Je serai son Père, et il sera mon Fils. » Attendez, quoi ? Yahweh sera son Père ? Pas toi, David. Il sera ton fils, mais finalement, je serai son Père, et il sera mon Fils.

Alors, voilà qu'arrive quelqu'un de la descendance d'Abraham, de Juda. Quel roi était de la lignée de Juda ? Le roi David. Ils se sont dit que c'était peut-être David qui était le roi promis. Ce n'était pas Saül, il n'était pas de la lignée de Juda, mais de Benjamin. Que se passe-t-il ? David arrive, et ils se disent : « Voici le roi. C'est sûrement lui. » C'est lui qui tient le sceptre. Eh bien, ce n'était pas lui, même s'il était un homme selon le cœur de Dieu. Il a péché aussi, a cédé à la corruption de Babel et est mort comme les autres. Il doit donc y avoir quelqu'un qui viendra pour s'asseoir sur ce trône, mais quand il viendra, ce sera le Fils de Dieu.

Voilà un mystère. Je ne pense pas que Satan lui-même l'ait compris. Il observe, écoute les prophètes et se dit : « Je dois tuer ce sauveur. » Il faut y réfléchir. On voit ces gens dans lesquels Satan entre, comme Pharaon, et ils tuent tous les premiers-nés . C'est comme si Satan savait qu'un sauveur allait venir, un libérateur qui régnerait comme un roi. C'est comme s'ils connaissaient la saison et l'heure. Satan avait compris la saison et l'heure de la naissance de Moïse, alors il a commencé à tuer tous les bébés. C'est comme s'ils savaient que Dieu allait susciter un sauveur, et qu'ils devaient l'empêcher.

Que se passe-t-il à l'époque de Jésus ? Jésus doit fuir en Égypte. Pourquoi ? Hérode apprend la nouvelle d'un roi et commence à tuer tous les enfants de moins de deux ans de la région où Jésus est né. Jésus doit fuir en Égypte. C'est comme une répétition de l'Égypte. L'Écriture dit : « J'ai appelé mon Fils hors d'Égypte. » C'est ce que dit l'Ancien Testament. Il parle d'Israël dans l'Ancien Testament, mais les auteurs du Nouveau Testament utilisent ce terme pour parler de Jésus. Car, en fin de compte, nous parlons de Jésus-Christ.

L'humanité attendait ce Roi, attendait ce Roi, attendait ce Roi. Israël croyait qu'en quittant Babylone, le Roi promis viendrait le délivrer et restaurer le royaume. Lorsqu'ils sont allés à Babylone, ce fut la fin des rois. Ils ont nommé des rois jusqu'à la lignée de Jésus. Ils ont nommé des rois jusqu'à la lignée de David, jusqu'à Salomon, et ainsi de suite. Puis, lorsqu'Israël a été exilé à Babylone, les rois ont tous été tués. Oh, oh ! Israël sort de Babylone, et ils se demandent : « Qui sera le roi ? »

Israël retourne à Jérusalem. La ville de paix avait été détruite, mais nous lisons ensuite dans Ésaïe 52 qu'à leur retour à Jérusalem, un roi reviendrait. Ils chanteraient. Bonne nouvelle ! Bonne nouvelle ! Ces beaux pas viendraient, annonçant la bonne nouvelle. Quelle est la bonne nouvelle ? Le Dieu d'Israël est vivant. Il y a encore un roi en Israël, et il revient. Il y a un roi, et c'est Yahvé ! Par conséquent, lorsqu'Israël quitte Babylone, ils attendent cela, et cela n'arrive pas. Maintenant, ils se remettent à attendre. Israël a retrouvé sa ville, mais ils se retrouvent sans roi. Ils savaient et croyaient qu'un roi viendrait, issu de la lignée d'Abraham, de Juda, du trône de David. Alors, ils attendaient. C'est l'attente et l'état d'esprit des Juifs du premier siècle et des croyants en Jésus.

Quand on ouvre le Nouveau Testament, on tombe sur ces mots, qui n'ont aucun sens pour les Occidentaux du XXIe siècle, mais qui doivent en avoir. Les tout premiers mots de Matthieu, le premier livre du Nouveau Testament, sont : « Le livre de la généalogie de Jésus-Christ, fils de David, fils d'Abraham. » Je vous le dis, toute la Bible est contenue dans ce seul verset. Si vous êtes Hébreu et que vous vivez à cette époque, l'Esprit de Dieu vous confirmerait que cette affirmation est vraie. Vous vous réjouissez. Vous vous dites : « Vous plaisantez ? » On le lit, et on se dit : « Oh, super, il faut que je lise la généalogie. »

Le mot « généalogie » en grec est « *genèse* » et le nom « Jésus » signifie « Yahvé est salut ». Attendez, quoi ? C'est la « Genèse de Yahvé est salut, fils de David, fils d'Abraham ». Nos cœurs devraient être remplis de joie. Êtes-vous en train de me dire que le Roi est venu ? Savez-vous ce que signifie le mot « Christ » ? « Christos » – le Messie. « Hamashiach » en hébreu signifie « Oint ». Qu'a fait Samuel à David ? Il l'a oint roi.

Matthieu 1:1 dit donc : « Yahweh est le salut, l'Oint, fils de David, fils d'Abraham. » C'est Lui qui serait une bénédiction pour toutes les nations, qui siégerait sur un trône et dont le royaume ne finirait jamais. Comment un homme peut-il siéger sur un trône et son règne ne finirait jamais ? Comment un homme peut-il avoir un royaume et son royaume ne finirait jamais ? Parce qu'à un moment donné, il mourra – oh, à moins qu'il ne triomphe de la mort. À moins qu'il ne soit l' Homme-Dieu … Satan ne l'a pas vu venir. Car s'il l'avait vu, il n'aurait pas tué Jésus. Il a planté son propre clou dans le cercueil en tuant Jésus.

Je veux que nous voyions Jésus, car cela changera tout. Quand nous comprendrons « Le Jour du Seigneur et le Jour de Yahweh », quand Il viendra, que justice sera rendue aux méchants et que les opprimés seront justifiés, qui fera cela ? Yahweh. C'est « Le Jour de Yahweh », et alors Yahweh apparaîtra sous les traits d'un homme.

Savez-vous ce que signifie Yahweh ? « JE SUIS CELUI QUI SUIS ». Il est l'Élohim de tous les Élohim. « Élohim » signifie Dieu ou être spirituel. Il est le seul être spirituel non créé, le seul être spirituel qui n'ait jamais été créé. Il dit : « Qui suis-je ? Je SUIS ce que je SUIS. Je SUIS tout ce dont tu as besoin. Voilà qui je suis. Je suis la Solution à tous tes problèmes. Je suis ton Libérateur. Je suis ton Guérisseur. Je suis le Roi d'Israël. Je suis le Roi de la terre. Je suis Celui qui chevauche les nuages. Je suis l'Ancien des jours. Je suis l'Éternel. Voilà qui je suis : Yahweh. C'est son nom, et il est tout cela et plus encore pour toi et pour toi.

Je veux que nous comprenions qu'ils cherchaient un roi comme David, et ils ont trouvé Dieu. Il se trouve qu'il était le descendant d'Abraham, le descendant de David, et son nom est Jésus – Yeshua. Yahweh est salut, c'est son nom. C'est la genèse, le commencement de Yahweh en tant que Sauveur. Il vient du trône de David. Il est un descendant d'Abraham. Tout Israël comprenait les implications de ces paroles, et certains ont tué Jésus à cause de celles-ci. Dans Matthieu 1:18-21, il est dit :

Voici comment arriva la naissance de Jésus-Christ. Marie, sa mère, ayant été fiancée à Joseph, se trouva enceinte, par la vertu du Saint-Esprit, avant qu'ils habitent ensemble. Joseph, son époux, qui était un homme de bien et qui ne voulait pas la diffamer, se proposa de la répudier secrètement. Comme il y pensait, voici, un ange du Seigneur lui apparut en songe, et dit : Joseph, fils de David, ne crains pas de prendre avec toi Marie, ta femme, car l'enfant qu'elle a conçu vient du Saint-Esprit. Elle enfantera un fils, et tu lui donneras le nom de Jésus, car c'est lui qui sauvera son peuple de ses péchés. Matthieu 1:18-21

Le mot « naissance » est le mot grec « gennesis ». « La gennesis de Yahweh, c'est le salut, l'Oint. » Voilà tout un sermon. Vous l'appellerez « Dieu est salut », car il sauvera son peuple de ses péchés. Le mot « sauver » est le mot « sozo », qui signifie sauver, guérir, délivrer et rendre entier. Un instant. Ne relisez pas cela. Qui va-t-il sauver ? Son peuple. De quoi doit-il les sauver ? Pas de Rome, mais du péché. Il a donc dû revêtir la chair pour sauver et racheter son peuple corps, âme et esprit, car le péché mène à la mort (Romains 6:23 ; Jacques 1:13-15). Il est venu racheter son peuple et être son Sauveur.

Nous en avons brièvement parlé dans le chapitre précédent. Dans Exode 15, Yahweh devient leur Sauveur, et ils commencent à annoncer qu'un autre jour viendra où Yahweh sera leur Sauveur. Puis il apparaît incarné, du trône de David, et pour quoi ? Sauver son peuple de ses péchés. La suite :

> *« Tout cela arriva afin que s'accomplît ce que le Seigneur avait annoncé par le prophète : Voici, la vierge sera enceinte, elle enfantera un fils, et on lui donnera le nom d'Emmanuel, ce qui signifie Dieu avec nous. » Matthieu 1:22-23*

Ils ne l'ont pas vu venir. Ils n'ont pas vu que ce serait Dieu lui-même avec nous. Ils ne l'ont pas vu. Satan ne l'a même pas vu, mais maintenant nous le voyons ! Je veux que vous le voyiez aussi ! Dans Matthieu 2:13-17, il est dit :

> *Après leur départ, voici, un ange du Seigneur apparut en songe à Joseph, et lui dit : « Lève-toi, prends le petit enfant et sa mère, fuis en Égypte, et restes-y jusqu'à ce que je te le dise ; car Hérode recherchera le petit enfant pour le faire périr. » Il se leva, prit de nuit le petit enfant et sa mère, et partit pour l'Égypte. Il y resta jusqu'à la mort d'Hérode, afin que s'accomplît ce que le Seigneur avait annoncé par le prophète : « J'ai appelé mon fils hors d'Égypte. » Hérode, se voyant trompé par les mages, fut saisi d'une grande colère ; il fit mettre à mort tous les enfants mâles de deux ans et au-dessous qui se trouvaient à Bethléem et dans toute sa région, selon le temps qu'il avait déterminé auprès des mages. Alors s'accomplit la parole du prophète Jérémie. » Matthieu 2:13-17*

C'est Joseph qui emmène Jésus en Égypte, car Hérode voulait tuer le Roi nouveau-né, le Sauveur et le Libérateur. Matthieu 3:1-3 dit :

En ces jours-là parut Jean-Baptiste, prêchant dans le désert de Judée.
Il disait : Repentez-vous, car le royaume des cieux est proche. Car
c'est lui dont le prophète Ésaïe a parlé, lorsqu'il dit : C'est la voix de
celui qui crie dans le désert : Préparez le chemin du Seigneur,
aplanissez ses sentiers. Matthieu 3:1-3

C'est puissant. Dieu avait établi son plan de salut, et ici, avec l'arrivée de ce Roi promis, Jean-Baptiste déclare : « Préparez le chemin pour la venue du Seigneur », et non pas seulement la venue d'un homme. Il utilise le mot « Seigneur ». Préparez-vous à la venue du Seigneur. Il cite Isaïe, et le mot original est Yahvé. Préparez-vous à la venue de Dieu. Repentez-vous, car le royaume de Dieu est proche, et je prépare le chemin pour sa venue. Dieu est en route. C'est le Jour du Seigneur. Puis Jean voit un homme et dit : « Voici l'Agneau de Dieu, qui enlève... » Il est venu, et il est venu pour ôter le péché du monde. (Jean 1:29)

Après tout, Jésus n'est pas venu pour nous jeter en enfer. Non. La mort est venue pour cela. Mais il est venu pour prendre la mort et l'enfermer pour toujours. Voici ce qu'il est venu faire : vaincre la mort et l'enfermer. Et Jean-Baptiste déclare : « C'est lui, le bienheureux. »

Puis, au verset 12, Jean dit : « Son van est dans sa main. » C'est une image de Joël. Le van est dans sa main. Il y aura une moisson à la fin des temps, et Jean dit que Dieu a le van dans sa main pour la moisson. La moisson est là, et il nettoiera soigneusement son aire de battage et amassera son blé dans son grenier. Il amasserait son blé dans son grenier et brûlerait la paille – ce qui n'appartient pas au blé, ce qui nous représente. C'est le péché et le mal. Il le jetterait au feu, provoquant ainsi cette séparation.

Dans Matthieu 3, Jésus va trouver Jean-Baptiste et lui dit : « J'ai besoin d'être baptisé. » Jean répond : « Non, je ne suis même pas digne de lacer tes sandales. Je ne te baptise pas. C'est toi qui dois me baptiser. Je sais que tu as un baptême extraordinaire – je le veux tout de suite ! » Mais Jésus répond : « Non, c'est toi qui dois me baptiser pour que ce soit accompli. » Alors Jean-Baptiste le baptise. Aux versets 16-17, il est écrit :

> « *Après avoir été baptisé, Jésus remonta aussitôt hors de l'eau. Et voici, les cieux s'ouvrirent, et l'Esprit de Dieu descendit comme une colombe et se posa sur lui. Et soudain une voix fit entendre du ciel ces paroles : « Celui-ci est mon Fils bien-aimé, en qui j'ai mis toute mon affection.* » *Matthieu 3:16-17*

Si nous comprenons cela, nous verrons que cela accomplit l'appel de Dieu au Fils de David, son Fils. Yahweh appelle « Yahweh est Salut » son Fils. David aurait quelqu'un sur son trône, et il serait un Roi qui siégerait sur un trône, et son royaume ne finirait jamais – et il serait le Fils de Dieu.

Jean-Baptiste dit que c'est lui qui enlèvera les péchés du monde. C'est le bienheureux dont parlent les Écritures. Puis le ciel déclare avec affirmation : « C'est lui. » L'Esprit de Dieu témoigne : « C'est lui. » Les cieux s'ouvrent. Dans l'Ancien Testament, les cieux s'ouvriront en Ésaïe 64:1, qui dit qu'il répandra son Esprit. Ici, dans Matthieu 3, nous voyons l'accomplissement, et l'onction tombe sur le Fils de David, l'Oint.

Dans le chapitre suivant de Matthieu, Jésus s'en va dans le désert, comme Israël après sa sortie d'Égypte. Les mers se séparèrent pour Israël à la mer Rouge, et ils s'en allèrent dans le désert. Jésus entre dans les eaux du baptême, les eaux se séparent, puis il s'en va dans le désert. Satan vient le tenter, tout comme Israël fut mis à l'épreuve dans le désert, et dit : « Si tu es le Fils, change cette pierre en pain et mange. » Il est là pour remettre en question la qualité de Jésus comme Fils de Dieu.

Nous avons cet homme – il est le Fils de David, le Fils

d'Abraham – mais voici le problème : il est le Fils de Dieu. Mais comment Jésus s'appelait-il ? Jésus sait qu'il est le Fils de Dieu, mais il s'appelle lui-même « Fils de l'Homme ». D'où vient ce terme ? Du livre de Daniel. Daniel était l'un des prophètes les plus extraordinaires – cet homme a vu jusqu'au bout. Dieu a permis à Daniel de voir la fin. La majeure partie de la révélation de Jean consiste à voir ce que Daniel a vu avant lui. Daniel a pu voir cette chose extraordinaire.

La vision de Daniel commence au chapitre 2, où le roi Nebucadnetsar fait un rêve et demande à quelqu'un de l'interpréter. Daniel est le seul à pouvoir le faire. Daniel lui raconte le rêve : une pierre se détacha sans l'aide d'aucune main et frappa cette statue. Celle-ci représentait différents royaumes. La pierre frappa les pieds de fer et d'argile et les brisa. Le fer, l'argile, le bronze, l'argent et l'or furent broyés et devinrent comme de la balle.

Vous souvenez-vous de ce que Jean-Baptiste a dit ? « Il y aura une moisson, et la paille sera emportée par le vent. » Daniel avait vu cela des centaines d'années auparavant. Il avait dit : « Le fer, l'argile, le bronze, l'argent et l'or furent broyés et devinrent comme la balle qui s'échappe des aires de battage en été ; le vent les emporta, si bien qu'on n'en retrouva plus aucune trace. » Ces choses représentent les royaumes de la terre. Les royaumes de la terre s'effondrent. Dieu les emporte, et on ne les revit plus jamais. Jean-Baptiste dit qu'ils sont jetés au feu. Puis Daniel dit que la pierre qui avait frappé la statue devint une montagne et remplit toute la terre. Jésus est cette pierre. Ils attendaient qu'une pierre vienne frapper les nations, les faisant tomber, pour que son Royaume s'élève et remplisse la terre.

Ainsi, lorsque nous ouvrons Matthieu, c'est comme si le Roi était arrivé. Le descendant de David, qui sera roi et dont le royaume ne finira jamais, est arrivé. Il est le descendant d'Abraham et de David, mais plus encore, il est le descendant de

Yahweh. Il est le Fils de Dieu, et son royaume durera éternellement et remplira la terre. Ils l'attendaient. Nous l'avons reçu.
L'Écriture dit qu'ils attendaient tous la promesse, mais nous
l'avons reçue. Plus loin, dans Daniel 7:13, nous lisons :

> *« Je regardais pendant mes visions nocturnes, et voici, sur les nuées*
> *du ciel arrivait quelqu'un de semblable à un fils d'homme ! »*
> *Daniel 7:13*

Quel chef ! Un homme comme le Fils de l'homme : c'est un
homme, mais il chevauche les nuages ! J'espère que nous
comprenons ce qui se passe, Église. C'est un homme, et pourtant
il peut chevaucher les nuages. L'Écriture continue :

> *« Il s'approcha de l'Ancien des jours, et on le fit approcher de lui. »*
> *Daniel 7:13*

Le Fils de l'homme sauta sur une nuée et la chevaucha jusqu'à
l'Ancien des Jours. Jésus dit à ses disciples : « Je vais vous préparer
une place. » Après la résurrection, il passe quarante jours à leur
parler du Royaume de Dieu. Puis il s'envole sur une nuée vers
l'Ancien des Jours pour prendre possession de son trône. Daniel
poursuit :

> *Alors lui furent donnés la domination, la gloire et le règne, afin*
> *que tous les peuples, toutes les nations, tous les hommes de toutes*
> *langues le servent. Sa domination est une domination éternelle*
> *qui ne passera point, et son règne ne sera jamais détruit. Daniel*
> *7:14*

Ils attendaient un Roi. Quel Roi nous avons reçu !

> *Je regardais, et cette corne faisait la guerre aux saints, et l'emportait*
> *sur eux, jusqu'à ce que vienne l'Ancien des jours, et que le jugement*
> *soit rendu en faveur des saints du Très-Haut , et que le temps soit*

venu où les saints entreront en possession du royaume. Daniel 7:21-22

Qui sont les saints ? Les croyants, ceux que le Fils de l'homme a sanctifiés par son sang. La corne ? C'est l'image d'une nation qui s'oppose aux saints. Ils attendaient un Royaume. C'est l'intégralité des Écritures. Satan était devenu, en quelque sorte, roi du peuple de Dieu, mais Dieu enverrait un nouveau roi, issu d'Abraham, qui permettrait à ses saints, à ses saints, d'entrer dans son Royaume pour toujours. C'est là leur espérance. Puis Jésus apparaît comme cette espérance.

Jésus dit dans Marc 14:61 que, alors qu'il est interrogé avant d'être exécuté, les prêtres juifs interrogent Dieu, se demandant qui il est, car ils l'ont manqué. Car la religion le manque systématiquement. Le grand prêtre lui demande : « Es-tu l'Oint ? Es-tu le Messie, le Fils du Béni ? » Ils refusent de prononcer le nom de Yahvé ; ils l'appellent « le Béni ». Jésus répond : « JE SUIS. » C'est comme lorsque Moïse demande : « Qui dois-je dire qui m'a envoyé ? » et que Dieu répond : « Dis-leur que JE SUIS t'a envoyé. »

Le souverain sacrificateur demanda : « Es-tu le Fils du Béni ? » Jésus répondit : « Je le suis. » Si vous cherchez quelqu'un pour racheter Israël, ne cherchez plus. Je le suis. Il poursuit : « Je le suis. Et vous verrez le Fils de l'homme assis à la droite de la Puissance, et venant sur les nuées du ciel. » (Marc 14:62). « Quand vous me reverrez, vous direz : "Béni", car je chevaucherai les nuées. Si vous me manquez maintenant, vous me rattraperez alors. Vous n'aurez aucun doute quant à savoir si c'est moi : je chevaucherai les nuées vers l'Ancien des jours, ouvrant la voie aux saints pour entrer dans le Royaume de Dieu pour toujours. »

Il va provoquer la fureur des nations contre les saints. Mais il dit que l'Ancien des jours viendra et prononcera un jugement en faveur des saints, et ils entreront dans le Royaume. Alors, rendons grâces ! Il nous a délivrés du pouvoir du royaume des ténèbres et nous a conduits dans le Royaume de son Fils d'amour. C'est Jésus qui sauvera son peuple de ses péchés. Qui est son peuple ? Les saints, ceux qui croient en lui et reçoivent la rédemption par son sang.

Je veux que nous voyions Jésus. Ne le manquons pas. Que l'Évangile et la vérité de ces paroles pénètrent votre cœur. Votre vie sera comme une vie extraordinaire. Signes, prodiges et miracles seront la norme. Ils accompagnent ceux qui croient. Comme l'a dit Jean-Baptiste : contemplons, aimons le Seigneur et voyons qui il est dans toute sa plénitude, selon les Écritures.

Maintenant, je vais passer en revue cinquante titres donnés au Fils de l'homme, tout cela parce qu'il est tout ce dont vous avez besoin.

- Il est le Tout-Puissant (Apocalypse 1:8).
- Il est toute autorité (Matthieu 28:18).
- Il est l'image du Dieu invisible (Colossiens 1:15).
- Il est l'Alpha et l'Oméga (Apocalypse 1:8).
- Il est le Premier et le Dernier (Apocalypse 22:13).
- Il est notre avocat auprès du Père (1 Jean 2:1).
- Il est le Pain de Vie (Jean 6:35).
- Il est notre source de vie (Jean 6:35).
- Il est le Bien-aimé (Matthieu 3:17).
- Il est l' Époux (Matthieu 9:15).
- Il est la pierre angulaire (Psaume 118:22).
- Il est le Libérateur de la colère à venir (1 Thess 1:10).
- Il est fidèle et véritable (Apocalypse 19:11).
- Il est le Bon Pasteur (Jean 10:11).
- Il est le Grand Prêtre (Hébreux 3:14).
- Il est le chef de l'Église (Éphésiens 1:22).
- Il est le Saint Serviteur (Actes 4:29).

- Il est le JE SUIS (Jean 8:58).
- Il est le Don (2 Corinthiens 9:15).
- Il est le Juge (Actes 10:41).
- Il est le Roi des rois (Apocalypse 17:14).
- Il est l'Agneau de Dieu (Jean 1:29).
- Il est la Lumière du Monde (Jean 8:12).
- Il est le Lion de la tribu de Juda (Apocalypse 5:5).
- Il est le Seigneur de tous (Philippiens 2:9-11).
- Il est notre Médiateur (1 Timothée 2:5).
- Il est le Messie (Jean 1:41).
- Il est le Puissant de Jacob (Esaïe 60:16).
- C'est Lui qui nous libère (Jean 8:36).
- Il est notre espérance (1 Timothée 1:1).
- Il est notre paix (Éphésiens 2:14).
- Il est notre Prophète (Marc 6:4).
- Il est notre Rédempteur (Job 19:25).
- Il est le Seigneur ressuscité (1 Corinthiens 15:3-4).
- Il est notre Rocher (1 Corinthiens 10:4).
- Il est le sacrifice expiatoire (1 Jean 4:10).
- Il est notre Sauveur (Luc 2:11).
- Il est le Fils de l'homme (Luc 19:10).
- Il est le Fils du Très-Haut (Luc 1:32).
- Il est le Créateur suprême (Colossiens 1:16-17).
- Il est la Résurrection et la Vie (Jean 11:25).
- Il est la Porte (Jean 10:9).
- Il est le Chemin, la Vérité et la Vie (Jean 14:6).
- Il est la Parole (Jean 1:1).
- Il est la vigne (Jean 15:1).
- Il est la Vérité (Jean 8:32).
- Il est le Vainqueur (Apocalypse 3:21).
- Il est le Conseiller merveilleux (Esaïe 9:6).
- Il est le Père éternel (Esaïe 9:6).
- Il est le Prince de la Paix (Isaïe 9:6).

Colossiens 1:12-20 dit : « Rendons grâces au Père , qui nous a rendus capables d'avoir part à l'héritage des saints dans la lumière. Il nous a délivrés de la puissance des ténèbres et nous a transportés dans le royaume du Fils de son amour, en qui nous avons la rédemption par son sang, la rémission des péchés. Il est l'image du Dieu invisible, le premier-né de toute la création. Car en lui ont été créées toutes les choses qui sont dans les cieux et sur la terre, les visibles et les invisibles, trônes, dignités, dominations, autorités. Tout a été créé par lui et pour lui. Il est avant toutes choses, et tout subsiste en lui . Il est la tête du corps de l'Église, qui est le commencement, le premier-né d'entre les morts, afin d'être en tout le premier. Car il a plu au Père que toute plénitude habitât en lui, et qu'il ait par lui réconcilié toutes choses avec lui-même, tant celles qui sont sur la terre que celles qui sont dans les cieux, en faisant la paix. » par le sang de sa croix.

Il est le JE SUIS. Il est le Fils de l'Homme. Il s'agit de Jésus-Christ, le Fils de David, le Fils d'Abraham. Il y a un Roi au ciel qui a instauré un Royaume, et il vous invite à en faire partie. Ce Roi veut être tout ce dont vous avez besoin.

Avez-vous soif ? Il est la source. Avez-vous faim ? Il est le Pain de Vie. Avez-vous besoin de guérison ? Il est le Guérisseur. Avez-vous besoin de rédemption ? Il est le Rédempteur. Son nom est Jésus, le Fils de l'Homme, le Fils de Dieu, notre Sauveur. Recevez Jésus-Christ comme le JE SUIS de votre vie.

Questions de discussion

1. Comment le fait de considérer la Bible dans son ensemble à travers le prisme du Royaume de Dieu influence-t-il votre compréhension des Écritures et votre cheminement de foi quotidien ? De quelles manières concrètes l'Église peut-elle aujourd'hui recentrer son attention pour mettre l'accent sur le Royaume de Dieu et vivre les signes et les prodiges dont témoignent les Écritures ?

2. Comment les prophéties de l'Ancien Testament concernant la venue d'un Roi renforcent-elles votre compréhension de la mission et de l'identité de Jésus ? Quel impact le fait de reconnaître Jésus comme descendant de David et Fils de Dieu a-t-il sur votre cheminement de foi ?

3. Que signifie pour vous le fait que le plan de Dieu consiste à amener le ciel sur terre plutôt qu'à simplement amener les gens au ciel ? Comment cette compréhension peut-elle influencer votre façon de vivre votre foi et de partager l'Évangile avec les autres ?

4

LA VOIE DU ROYAUME

Lorsque le Roi est apparu, il avait une manière de faire les choses ; j'appelle cela la voie du Royaume. Nous allons comprendre pourquoi Jésus a agi ainsi, pourquoi il a dit que nous devrions faire de même, et comment nous pouvons le faire. Examinons le tout début du ministère de Jésus et les premiers mots qu'il prêche .

« Dès lors, Jésus commença à prêcher, et à dire : Repentez-vous, car le royaume des cieux est proche. » Matthieu 4:17

Son message était le suivant : il y a un Royaume. Le ciel a un Royaume, et il vient sur terre ; il est proche, il est là. Jean-Baptiste a prononcé les mêmes paroles : repentez-vous, détournez-vous du royaume des ténèbres et du règne du mal, et préparez-vous, car le Royaume de lumière est proche. Puis Jean voit Jésus et dit : « L'Agneau de Dieu qui sauvera le monde de ses péchés. Celui qui va nous sauver du royaume des ténèbres est là ! J'ai vu l'Esprit de Dieu descendre sur lui comme une colombe. » Jésus est baptisé, les cieux s'ouvrent et il est oint de puissance comme Roi pour instaurer le Royaume. En un sens, le Royaume n'est plus simplement proche ; il est là, en la personne de Jésus-Christ. Le Royaume est venu en la personne du Roi.

On dira que tout cela est pour l'avenir. Eh bien, le Roi est déjà apparu, il a adoubé certains hommes et a dit : « Je reviens. » À sa venue, c'était comme l'inauguration du Royaume, et maintenant, la consommation approche. Je suis impatient de voir la consommation du Royaume. Mais n'oublions pas qu'il a déjà été inauguré, et il l'a été par Jésus-Christ. Nous sommes entre l'inauguration et la consommation : c'est déjà un Royaume. Jésus est ici en train de dire : « Le Royaume est arrivé. » Le règne de Dieu sur terre a commencé en la personne de Jésus-Christ. Puis il demande à des pêcheurs de le suivre, d'être ses disciples, ses élèves. Il va les équiper et les préparer à l'œuvre du Royaume.

« Jésus parcourait toute la Galilée, enseignant dans les synagogues et prêchant la bonne nouvelle du royaume. » Matthieu 4:23

Qu'enseignait Jésus ? Quel Évangile Jésus avait-il ? Un Évangile du Royaume, pas seulement un Évangile du salut. Cela fait partie de l'Évangile du Royaume. Je ne dis pas que ce n'est pas l'Évangile ; c'en est juste une partie. Paul a parlé de l'Évangile complet. Je me demande pourquoi il a dû, de son vivant, utiliser le terme « évangile complet », car les gens commençaient déjà à s'appuyer sur l'Évangile partiel. Voyez ce que Paul dit dans Romains :

« J'ai pleinement annoncé l'Évangile de Christ par de grands signes et des prodiges, par la puissance de l'Esprit de Dieu. » Romains 15:19

Cela révèle clairement que sans la puissance de l'Esprit de Dieu, nous ne prêcherons que partiellement l'Évangile, ce qui est une injustice envers le Seigneur Jésus-Christ. L'Évangile peut être témoigné par le doigt de Dieu, par sa puissance. Nous déclarons donc que le Royaume est venu, et nous pouvons ensuite le démontrer par une démonstration de l'Esprit et de sa puissance. Christ a fait, et nous faisons, de cet espace un espace céleste en supprimant tout ce qui n'appartient pas à l'espace de Dieu.

« Il guérissait toute maladie et toute infirmité parmi le peuple. Sa renommée se répandit dans toute la Syrie. On lui amenait tous ceux qui souffraient de maladies et de douleurs de diverses sortes, ainsi que des démoniaques, des épileptiques et des paralytiques. Il les guérissait. De grandes foules le suivaient. » Matthieu 4:23-25

Le témoignage puissant du Royaume a fait connaître Jésus dans toute la région, si bien qu'on lui a amené tous les malades souffrant de diverses maladies et tourments, ainsi que les possédés, les épileptiques ou les paralytiques, et il les a guéris. Pourquoi ? Parce qu'aucune de ces choses n'existe dans le Royaume de son Père. Puis il aborde le Sermon sur la montagne. Il a maintenant des disciples. Il gravit une montagne ou une colline, ses disciples le suivent, ainsi que des foules. Et il leur transmet ce que j'appellerais l'éthique du Royaume. Voilà à quoi ressemble la culture du Royaume.

Il y a une voie vers le Royaume : elle a puissance et éthique. Les deux en font partie. Nous avons besoin de l'éthique, du caractère du Royaume, et aussi de la puissance. Notre monde intérieur doit correspondre au monde extérieur du Royaume. Si ce n'est pas le cas, guettez les échecs : lorsqu'une personne évolue avec une onction supérieure à son caractère, il y a généralement échec.

L'éthique n'est pas le sujet de ce chapitre ; nous y reviendrons au chapitre suivant. Je veux me concentrer sur la voie du Royaume. Les chapitres 5 à 7 de Matthieu traitent entièrement d'éthique. Au chapitre 8, Jésus redescend et recommence à illustrer la voie du Royaume. Il se promène, vivant simplement. Jésus est simplement un Oint, allant de ville en ville, un enfant de Dieu, comme vous et moi avons été créés pour l'être. À quoi ressemble une promenade de Jésus ? Des gens sont sauvés, guéris et délivrés. Voilà à quoi cela ressemble. Il se promène simplement chaque jour, et des gens sont sauvés, guéris et délivrés. Devinez à quoi cela devrait ressembler lorsque vous vous promenez ? Des gens devraient être sauvés, guéris et délivrés. Réfléchissez-y. L'Écriture dit :

Lorsqu'il fut descendu de la montagne, une grande foule le suivit. Et voici, un lépreux s'approcha, se prosterna devant lui et dit : Seigneur, si tu veux, tu peux me rendre pur. Alors Jésus étendit la main, le toucha et dit : Je le veux, sois purifié. Aussitôt sa lèpre fut guérie. Matthieu 8:1-3

À quoi ressemble le Royaume ? La lèpre en voie de disparition. Mais attendez, ce n'est pas tout :

« Comme Jésus entrait à Capharnaüm, un centurion s'approcha de lui et le supplia : Seigneur, mon serviteur est couché à la maison, paralysé et cruellement tourmenté. Jésus lui dit : J'irai le guérir. » Le centurion répondit : Seigneur, je ne suis pas digne que tu entres sous mon toit. Dis seulement un mot, et mon serviteur sera guéri. Car moi aussi, je suis soumis à des supérieurs, j'ai des soldats sous mes ordres. Je dis à l'un : "Va", et il va ; à l'autre : "Viens", et il vient ; et à mon serviteur : "Fais ceci", et il le fait. » Jésus, l'ayant entendu, fut étonné, et dit à ceux qui le suivaient : « Je vous le dis en vérité, je n'ai pas trouvé une aussi grande foi, même en Israël. Et je vous dis que plusieurs viendront de l'orient et de l'occident, et seront à table avec Abraham, Isaac et Jacob dans le royaume des cieux. Mais les fils du royaume seront jetés dans les ténèbres du dehors, où il y aura des pleurs et des grincements de dents. » Alors Jésus dit au centurion : « Va, et qu'il te soit fait selon ta foi. » Et son serviteur fut guéri à l'heure même. Matthieu 8:5-13

Cela s'adresse à ceux qui ne viennent pas par la foi, mais par les œuvres de la loi : ils seront chassés, et ceux qu'ils n'attendaient pas,

comme les Gentils, entreront directement par la foi. Aussitôt ,
nous voyons la lèpre disparaître, et une personne à une grande
distance est guérie – deux guérisons. Puis, chez la belle-mère de
Pierre, elle a de la fièvre. Jésus lui touche la main, et la fièvre la
quitte. Elle se lève et les sert – *Bang* ! trois guérisons, et nous n'en
sommes même pas à la moitié du chapitre.

Puis, ce soir-là, on lui amena ceux qui étaient possédés, et il
chassa les esprits par sa parole. Il guérit tous les malades, afin que
s'accomplît la parole du prophète Isaïe : « Il a pris nos infirmités,
et il s'est chargé de nos maladies. » Cela ne semble jamais s'arrêter
dans les Évangiles, et c'est ce à quoi cela ressemblera chaque jour.
Cela continue avec les croyants dans le livre des Actes après le
retour de Jésus au ciel. Le Royaume a un caractère, la façon dont
nous nous traitons les uns les autres et dont nous nous compor-
tons avec Dieu. Mais il y a aussi une voie vers le Royaume, qui
consiste à porter ce dont le monde a besoin.

Ma question est la suivante : pourquoi le ministère de Jésus
était-il ainsi ? Nous devons comprendre pourquoi il l'était afin de
pouvoir apprendre de lui et en prendre exemple dans nos vies .
Pourquoi guérissait-il les malades et chassait-il les démons à
chaque promenade, voire lorsqu'il tentait de s'échapper ? Jésus
avait peut-être besoin d'un refuge, mais les gens affluaient vers lui.
Et au lieu de subvenir à ses propres besoins, il les nourrit et poursuit son ministère. Pourquoi continue-t-il ainsi ? Pourquoi
continue-t-il à accomplir des miracles, des signes et des prodiges ?

Comment se fait-il que tant de gens d'un côté disent : « Oh, il
s'agit simplement du salut et de l'attente du paradis. Ensuite, les
bonnes choses arriveront. » L'autre côté dirait que Jésus accom-
plissait des miracles uniquement parce qu'il était Dieu, prouvant
ainsi qu'il était Dieu. Par conséquent, les croyants n'ont aucune
responsabilité à les accomplir, car, eh bien, nous ne sommes pas
Dieu, n'est-ce pas ?

Mais cela n'explique pas pourquoi Jésus a dit que nous devrions faire la même chose. Il a dit : « Tout ce que je vous ai fait et enseigné, vous le ferez et l'enseignerez aux autres. » Alors, la question devient délicate : sommes-nous censés faire cela ou non ? Dire que non, car ce serait agir comme Dieu, revient à ignorer le commandement de Jésus. Et ne pas le faire, c'est désobéir à ce que Jésus nous a ordonné de faire. Alors, beaucoup d'entre nous restent assis à attendre, sans savoir si nous avons raison ou tort.

C'est un état d'esprit dangereux, et c'est pourquoi ce jour sera troublant pour de nombreux croyants. C'est ce qui me brûle au plus profond de moi, car ce n'est pas forcément le cas. C'est simple. Ce n'est pas compliqué. C'est vraiment, vraiment simple . Mais tant d'enseignants de confiance ont enseigné des choses tellement contraires aux Écritures, mais on leur a fait confiance. Alors, les gens disent : « Eh bien, mon pasteur m'a dit... » Et je dis : « Mais que dit la Bible ? » Votre pasteur est peut-être quelqu'un de bien, mais quelqu'un lui a menti, lui-même menti par quelqu'un d'autre, et derrière tout cela, il y a Satan – ce sont les doctrines des démons.

Quand on lit les doctrines des démons dans 1 Timothée et 2 Timothée, et qu'on voit ensuite le camp des chrétiens qui affirment que les miracles ne sont pas d'actualité, on se dit : « Oh là là ! » Cela signifie littéralement qu'ils scrutent les Écritures, mais nient la puissance qui pourrait les sauver, ayant une forme de piété mais reniant sa puissance. Et que nient-ils principalement ? La puissance. Ils disent : « La puissance n'est plus nécessaire aujourd'hui, car c'était seulement pour que les apôtres prouvent qu'ils étaient apôtres et que leurs paroles étaient les Écritures. »

Ce système de croyances ne peut véritablement comprendre aucune des Écritures. C'est comme un aveugle qui guide un aveugle. Il n'y a rien dans le Nouveau Testament que vous puissiez comprendre avec cet état d'esprit. Vous ne comprendrez pas Jésus. Vous ne comprendrez pas son Royaume. Vous ne vous comprendrez pas vous-même ni l'Église. Vous ne comprendrez pas ce qui est promis. Ils utilisent les Écritures pour nier ce qu'elles promettent. Cela n'a aucun sens.

Je veux que vous oubliiez ce que les autres ont dit et que vous lisiez la Bible par vous-même, une trentaine de fois, et à la fin, dites-moi si vous pouvez croire ce que les cessationnistes vous disent. Il y a bien trop de passages bibliques à rejeter pour y croire. Ne faites pas ça, surtout les commandements de Jésus. Certains auront de gros ennuis devant Jésus. C'est l'une des raisons pour lesquelles je veux que nous nous enracinions vraiment dans l'Ancien et le Nouveau Testament comme dans une seule et même histoire du Royaume de Dieu. C'est la même histoire. C'est peut-être pour cela qu'ils ne comprennent pas le Nouveau Testament : ils ne comprennent pas l'Ancien Testament, le Jour du Seigneur, le Royaume de Dieu, l'Oint.

Examinons le chapitre 60 d'Isaïe. C'est une pierre angulaire pour comprendre le Royaume de Dieu. Nous pourrions parcourir bien d'autres passages des Écritures, mais celui-ci est à retenir :

Lève-toi, sois éclairée ; car ta lumière arrive ! Et la gloire de l'Éternel se lève sur toi. Car voici, les ténèbres couvriront la terre, et l'obscurité profonde les peuples. Mais l'Éternel se lèvera sur toi, et sa gloire apparaîtra sur toi. Les nations marcheront à ta lumière, et les rois à la clarté de ton lever. Ésaïe 60:1-3

Il parle de Jésus. Continuons au verset 16. Ouvrez votre Bible et lisez-le entièrement par vous-même ; c'est vraiment excellent. Les versets 11 à 12 sont formidables. La seconde moitié du chapitre parle de la faveur, des richesses et de tout ce qui accompagne le Royaume :

> *« Vous saurez que je suis l'Éternel, votre Sauveur et votre Rédempteur, le Puissant de Jacob. » Ésaïe 60:16*

Comment s'appelle Jésus ? « Sauveur. » Il dit : « Vous saurez que le Seigneur », le mot ici est Yahweh, « vous saurez que Yahweh est votre Sauveur. » Puis Jésus apparaît, et son nom est Yeshua, ce qui signifie Yahweh est Salut. Je me demande de qui il s'agit : de votre Rédempteur, le Puissant de Jacob. C'est Jésus ! Le verset 18 donne une petite image dans la seconde moitié :

> *Je ferai de tes officiers la paix, et de tes magistrats la justice. On n'entendra plus parler de violence dans ton pays, ni de dévastation ni de ruine dans ton territoire. Tu appelleras tes murailles Salut, et tes portes Louange. Ésaïe 60:17-18*

Ceci est très important : « Tes murs seront appelés Salut. » Cela nous renvoie à un autre passage biblique connexe :

> *Le soleil ne sera plus ta lumière pendant le jour, et la lune ne t'éclairera plus. Mais l'Éternel sera ta lumière à toujours, et ton Dieu ta gloire. Ton soleil ne se couchera plus, et ta lune ne se retirera plus. Car l'Éternel sera ta lumière à toujours, et les jours de ton deuil seront terminés. Ton peuple sera tout entier juste, et il possédera le pays pour toujours. Il sera le rejeton que j'ai planté, l'ouvrage de mes mains, afin que je sois glorifié. Ésaïe 60:19-21*

Le Seigneur dit : « Je vais les planter. Ils seront l'œuvre de mes mains. Ils porteront du fruit, et cela me rendra gloire. »

Nous arrivons ensuite à Ésaïe 61, essentiel à la compréhension du Nouveau Testament. Si nous ne l'étudions pas et ne comprenons pas le Nouveau Testament à partir de ce personnage, nous ne comprendrons pas Jésus. Des siècles avant Jésus, les Écritures parlaient de lui à maintes reprises. Ne le manquez pas.

Si nous ne voyons pas ce que les Écritures, celles de l'Ancien Testament, disent de Jésus, nous passerons à côté. Rappelons-nous que les premiers croyants du Ier siècle ne disposaient que de l'Ancien Testament avant la rédaction du Nouveau Testament. Lorsque nous lisons le Nouveau Testament, l'Église primitive ne disposait que de l'Ancien Testament, et elle commença à recevoir des lettres des apôtres. Mais il n'était pas encore considéré, en un sens, comme un Nouveau Testament. On retrouve tous les témoignages du Nouveau Testament concernant Jésus dans l'Ancien Testament. Ésaïe 61 en est un parfait exemple :

L'Esprit du Seigneur, l'Éternel, est sur moi, Car l'Éternel m'a oint Pour porter de bonnes nouvelles aux malheureux; Il m'a envoyé Pour guérir ceux qui ont le cœur brisé, Pour proclamer aux captifs la délivrance, Et aux prisonniers la délivrance, Pour publier une année de grâce de l'Éternel, Et un jour de vengeance de notre Dieu, Pour consoler tous les affligés, Pour consoler les affligés de Sion, Pour leur donner un ornement au lieu de la cendre, Une huile de joie au lieu du deuil, Un vêtement de louange au lieu d'un esprit abattu, Afin qu'ils soient appelés arbres de justice, Une plantation de l'Éternel, Pour sa gloire. Ésaïe 61:1-3

Vous le voyez encore : Il va planter quelque chose, et ce sera vous. Vous serez des chênes de justice, et vous glorifierez le Seigneur. Nous le verrons aussi dans le Nouveau Testament.

Ils rebâtiront les ruines anciennes, relèveront les ruines d'autrefois, et restaureront les villes ravagées, dévastées depuis longtemps. Des étrangers s'établiront et paîtront vos troupeaux, et les fils de l'étranger seront vos laboureurs et vos vignerons. Mais vous serez appelés prêtres de l'Éternel, on vous appellera serviteurs de notre Dieu. Vous mangerez les richesses des nations, et vous vous glorifierez de leur gloire. Au lieu de votre honte, vous aurez un double honneur, et au lieu de la confusion, ils se réjouiront de leur part. C'est pourquoi , dans leur pays, ils posséderont le double ; une joie éternelle sera leur. Ésaïe 61:4-7

C'est tout simplement incroyable. Tout est magnifique : une joie éternelle, la grande joie du Seigneur. C'est ce qui rend ce récit si beau, c'est de le lire à travers le prisme d'un Roi et d'un Royaume. Sinon, on se demande : « De quoi parlent-ils ? Que se passe-t-il ? » Quand on comprend Jésus et qu'on lit l'Ancien Testament, on se dit : « Il est partout ! Tout tourne autour de Jésus ! »

Examinons Luc chapitre 4. Ce récit de Luc est parallèle à celui de Matthieu sur les débuts du ministère de Jésus. Il nous révèle un événement que Matthieu a omis et qui s'est produit entre les chapitres 3 et 4, mais que Luc rapporte. C'est le but de Luc : quand on lit le début de son livre, il dit : « Tiens, Théophile, beaucoup de gens ont osé raconter l'histoire de Jésus. Je veux te donner un aperçu complet de ce que j'ai entendu des différents apôtres. »

Il se rendit à Nazareth, où il avait été élevé. Selon sa coutume, il entra dans la synagogue le jour du sabbat, se leva pour lire. On lui remit le livre du prophète Isaïe. L'ayant ouvert, il trouva l'endroit où il était écrit : L'Esprit du Seigneur est sur moi, parce qu'il m'a oint pour annoncer une bonne nouvelle aux pauvres ; il m'a envoyé pour guérir ceux qui ont le cœur brisé, pour proclamer aux captifs la délivrance et aux aveugles le recouvrement de la vue, pour renvoyer libres les opprimés, pour proclamer une année de grâce du Seigneur. Puis il roula le livre, le rendit au serviteur et s'assit. Tous ceux qui étaient dans la synagogue avaient les yeux fixés sur lui. Il se mit à leur dire : Aujourd'hui cette Écriture est accomplie, vous l'entendez. Tous lui rendirent témoignage et s'émerveillèrent des paroles de grâce qui sortaient de sa bouche. Luc 4:16-22

Cette histoire se termine par leur désir de le tuer. Pourquoi ?

Parce qu'il vient de dire qu'il est l'Oint. Il est le « hamashiach », le mot pour Christ. Il est le Christ, le Sauveur, le Messie. Il est le Libérateur d'Israël. C'est ce qu'il vient de déclarer, et ils répondent : « Non, tu ne l'es pas ! Tu es d'ici – on connaît ta mère et tes frères et sœurs ! » Alors, ils essaient de le tuer. Mais ça ne marche pas. Jésus est mort quand il le voulait, pas avant.

Jésus croyait être l'Oint, et Ésaïe 60 dit que lorsque l'Oint viendra, il fera quelque chose. Ésaïe dit : « Le soleil ne sera plus, le salut sera votre muraille. » Si nous avons lu la fin du livre, nous trouvons Apocalypse 21.

« Je vis un nouveau ciel et une nouvelle terre, car le premier ciel et la première terre avaient disparu, et la mer n'était plus. Puis moi, Jean, je vis descendre du ciel, d'auprès de Dieu, la ville sainte, la nouvelle Jérusalem, préparée comme une épouse qui s'est parée pour son époux. Et j'entendis du ciel une forte voix qui disait : Voici le tabernacle de Dieu avec les hommes ! Il habitera avec eux, et ils seront son peuple. Dieu lui-même sera avec eux et sera leur Dieu. »
Apocalypse 21:1-3

Eh bien, qui est Jésus ? « Emmanuel, Dieu avec nous. » Jean dit : « J'ai vu Dieu avec eux. » Dieu essuiera toute larme de leurs yeux ; il n'y aura plus de mort, ni de deuil, ni de cri. Il n'y aura plus de douleur, car les premières choses ont disparu. Puis, au verset 22 :

« Mais je n'y vis point de temple ; car le Seigneur Dieu tout-puissant est son temple, ainsi que l'Agneau. La ville n'a besoin ni du soleil ni de la lune pour l'éclairer, car la gloire du Seigneur l'illumine. L'Agneau est son flambeau. » Apocalypse 21:22-23

Jean dit qu'il voit les murs tomber lorsqu'il voit la Nouvelle Jérusalem s'effondrer, et Ésaïe a dit : « Tu appelleras tes murs Salut, et tes portes Louange. Tu n'as besoin ni du soleil ni de la lune. » Il parlait du Royaume de Dieu. Il parlait de la plénitude du Royaume de Dieu : plus de douleur, plus de souffrance. Plus aucune. Tout cela a disparu à jamais.

donc à l'origine de tout cela. Il faut comprendre que si Jésus guérit les malades, c'est parce qu'il n'y a pas de maladie dans le Royaume. Apocalypse 21 représente la plénitude du Royaume, et il n'y a pas de malades. Aucun. Aucun malade dans la plénitude du Royaume. Pourquoi ? Parce que dans Apocalypse 20, au Trône Blanc du Jugement, Satan a été jeté avec tous ses ouvriers dans l'étang de feu pour toujours. Alors, qui est à l'origine de la maladie sur terre ? Satan.

> « *Comment Dieu a oint du Saint-Esprit et de force Jésus de Nazareth, qui allait de lieu en lieu faisant du bien et guérissant tous ceux qui étaient sous l'empire du diable, car Dieu était avec lui.* » *Actes 10:38*

Ainsi, quand on comprend la maladie – la COVID, quelle qu'elle soit –, c'est le diable. Quand on succombe à la maladie, on est attaqué par le diable. Quand le diable s'en va, la maladie s'en va, sous toutes ses formes. Alors comment une Église pourrait-elle ne pas délivrer ? Comment se fait-il que l'Église soit aussi malade que le monde ? On passe simplement à côté de l'un des plus grands ministères de Jésus : il guérissait les malades et chassait les démons.

Bien sûr, nous savons que toutes les maladies ne sont pas d'origine démoniaque. Si je me fais renverser par une voiture et que je me casse la jambe, et que j'ai besoin de guérison, ce n'était pas un démon. Je me suis cassé la jambe dans un accident de voiture, et j'ai besoin de guérison. J'ai besoin que ce qui va arriver naturellement arrive, n'est-ce pas ? En tant qu'enfant de Dieu, ma jambe guérirait – peut-être pas immédiatement, mais elle guérirait. Cela arriverait naturellement. Jésus dit simplement : « Que cela se fasse maintenant. Que l'avenir vienne maintenant. » C'est ce qu'il fait : il apporte la plénitude du Royaume ici et maintenant.

Quand Jésus ressuscite les morts, c'est parce qu'il n'y a pas de morts dans Apocalypse 21 : la résurrection a eu lieu. Même la mort, l'Hadès et la mer rendent leurs morts dans Apocalypse 20. Et ils sont jugés. Chacun est jugé selon ses œuvres. Vous serez jugé selon vos œuvres. Vous n'êtes pas sauvé par vos œuvres, mais vous êtes jugé par elles. Il s'agit donc de foi : c'est ainsi que nous entrons dans le Royaume. Nous n'entrons pas dans le Royaume par les œuvres. Nos œuvres ne nous y conduiront jamais. Seule la foi vous y conduit.

À la fin de votre vie, vous serez jugé sur vos œuvres. Une fois entré dans le Royaume, Dieu nous donne une œuvre à accomplir, et nous serons jugés sur elle. Alors, ce groupe qui ne croit pas à la puissance du Saint-Esprit dit aujourd'hui : « Asseyons-nous et attendons. » Ne le faites pas ; vous serez jugés sur vos œuvres. Ils entreront dans le Royaume. L'Écriture dit que beaucoup d'entre eux entreront, mais nus.

Car nous sommes ouvriers avec Dieu ; vous êtes le champ de Dieu, vous êtes l'édifice de Dieu. Selon la grâce de Dieu qui m'a été donnée, j'ai posé le fondement, comme un sage architecte, et un autre bâtit dessus. Mais que chacun prenne garde à la manière dont il bâtit dessus. Car personne ne peut poser d'autre fondement que celui qui a été posé, savoir Jésus-Christ. 1 Corinthiens 3:9-11

Paul dit : « Ne changez pas le fondement qui a été posé. » Je vous le promets, ce groupe qui nie la puissance du Saint-Esprit aujourd'hui est en train de le changer. Ils disent : « Oh, c'est du passé. » Ne les suivez pas, car si quelqu'un essaie de changer le fondement, Paul dit dans Galates 1 : « Si quelqu'un change l'Évangile que je vous ai donné, qu'il soit anathème. » Alors, s'il vous plaît, ne les suivez pas. Il dit : « Que quiconque le change soit anathème. » Et pourtant, ils disent : « Eh bien, c'est changé – c'était seulement pour Paul. » Je leur réponds : « Tu es maudit ! » Vous pouvez vous repentir ou partir, car ce n'est pas l'Évangile – c'est une hérésie, du levain, et cela affecte le corps de Christ.

Comment se fait-il qu'en Afrique, en Amérique du Sud, en Chine et partout dans le monde, l'Église soit en plein essor ? Comment se fait-il qu'hier soir, un millier de personnes aient probablement été sauvées, et environ 600 la veille ? Vous savez comment ils font partout dans le monde ? Par l'Évangile du Royaume et le nom de Jésus, par la puissance de Dieu. C'est comme ça qu'ils font.

Ici, en Occident, on se dit : « On a sauvé deux personnes cette année ! C'était merveilleux. » Et c'est parce qu'on a été convaincus après de longs débats. Mais nous n'avons pas à vivre ainsi, Église ; nous avons besoin de la puissance de Dieu ! Paul dit dans 1 Corinthiens 2 : « Je ne suis pas venu à vous avec des paroles pompeuses, mais avec une démonstration d'Esprit et de puissance. » Pourtant, cet autre groupe dit : « C'était juste pour ce moment-là. » Non ! Ce n'était pas juste pour ce moment-là !

« Car la promesse est pour vous, pour vos enfants, et pour tous ceux qui sont au loin, en aussi grand nombre que le Seigneur notre Dieu les appellera. » Actes 2:39

De plus, 1 Corinthiens 3:11-13 dit :

Car personne ne peut poser d'autre fondement que celui qui a été posé, savoir Jésus-Christ. Si quelqu'un bâtit sur ce fondement avec de l'or, de l'argent, des pierres précieuses, du bois, du foin, de la paille, l'œuvre de chacun sera manifestée ; car le jour le fera connaître, parce qu'elle se révélera dans le feu ; et le feu éprouvera l'œuvre de chacun et verra ce qu'elle est. Si quelqu'un bâtit sur ce fondement avec persévérance, il recevra une récompense. Si l'œuvre de quelqu'un est consumée, il en subira la perte ; mais lui, il sera sauvé, mais comme au travers du feu. 1 Corinthiens 3:11-15

De quoi Paul parle-t-il ? Du Jour du Seigneur. Ainsi, nier la puissance de Dieu aujourd'hui, c'est construire avec de la paille, et ils brûleront toutes leurs œuvres, mais eux-mêmes seront sauvés. Mais c'est tout : ils n'auront rien. Ils entreront, mais aucune de leurs œuvres n'y parviendra. Que sont les vêtements de l'épouse dans Apocalypse 19 ? Les œuvres justes des saints. Donc, si nos œuvres ne sont pas celles des saints, nous entrerons, mais nous serons simplement nus.

donc veiller à ne pas changer ce que Jésus nous a dit de faire. Ce qu'il nous a dit de faire, c'est l'argent et l'or. Les commandements de Jésus sont l'argent et l'or. Prêchez l'Évangile du Royaume. Jésus dit dans Matthieu chapitre 10 : « Il envoie ses disciples. » On ne peut trouver d'indication plus claire de ce que Jésus attend de ses disciples que Matthieu chapitre 10. Chaque fois qu'il envoie ses disciples, c'est ce qu'il attend d'eux, et c'est ce qu'ils doivent faire pour toujours jusqu'à son retour.

« Allez, prêchez la bonne nouvelle du Royaume et le nom de Jésus. » C'est ce que nous voyons dans Actes chapitre 8. « Guérissez les malades, ressuscitez les morts, purifiez les lépreux et chassez les démons. Ce que vous avez reçu, donnez-le gratuitement. » Puis, dans Marc chapitre 16, il dit : « Voici les miracles qui accompagneront ceux qui auront cru : ils chasseront les démons, ils parleront de nouvelles langues, ils marcheront sur des serpents, ils imposeront les mains aux malades, et les malades seront guéris. »

Voilà à quoi devrait ressembler la vie du croyant. Pourquoi ? Parce que c'est le Royaume de Dieu. Si la maladie n'a pas sa place dans le Royaume, alors chassez-la. Si les démons n'ont pas leur place dans le Royaume, alors chassez-les. Si les morts n'ont pas leur place dans le Royaume, alors ressuscitez-les. Nous prêchons le nom de Jésus parce que c'est par son nom que nous sommes sauvés. Mais une fois entré dans le Royaume, il y a du travail à faire.

Il a inauguré le Royaume et le consommera à l'avenir. Combien d'entre vous se souviennent de la Seconde Guerre mondiale ? Vous l'avez probablement étudiée à l'école. Nous connaissons cet événement appelé le Jour J. Ce fut le tournant de la Seconde Guerre mondiale. Il y eut une victoire sur les plages de Normandie – elle coûta de nombreuses vies, mais elle força les Allemands à reculer, les repoussant vers Berlin. Le Jour J fut déterminant pour l'issue de la guerre. La fin de la guerre fut décidée ce jour-là.

Cependant, ce n'était pas la Saint-Valentin, c'était le Jour J. La Saint-Valentin n'aurait pas lieu avant 11 mois. Saviez-vous que l'Amérique a perdu plus de soldats entre le Jour J et la Saint-Valentin qu'à n'importe quel moment avant la guerre ? Il y a eu des victimes, mais la Saint-Valentin était certaine. Et sur la croix du Calvaire, le Jour J a eu lieu. Satan a planté un clou dans son cercueil. La Saint-Valentin est déterminée : elle aura lieu. La question n'est pas de savoir si, mais quand.

Nous nous sommes unis à Dieu dans cette œuvre de préparation pour la Saint-Valentin qui approche. Nous ignorons l'heure, mais elle approche. C'est certain : la victoire sera incontestable ce jour-là. La victoire est acquise ; nous sommes juste dans cette période intermédiaire de nettoyage. Et nous sommes l'équipe de nettoyage.

Le Roi s'assiéra là où l'ennemi a établi son trône – le trône de l'ennemi sera détruit, et le Roi viendra, déclarant : « Je nettoie la terre, guérissant les malades, ressuscitant les morts, purifiant les lépreux », tout comme Jean-Baptiste préparait la voie, aplanissant les sentiers pour la venue du Seigneur, afin que, lorsqu'il viendra, tout soit prêt pour lui. La terre n'est pas comme elle devrait être, alors il nous a envoyés la nettoyer afin qu'il puisse prendre son trône.

« Tu prêcheras l'Évangile du Royaume jusqu'aux extrémités de la terre, et alors je viendrai. » C'est ce que nous disent les Écritures. Il attend que vous et moi préparions sa venue. Je pense que ce délai a été prolongé à maintes reprises parce que l'Église ne s'est pas préparée à la venue du Roi. Cela aurait pu être un travail rapide.

Mais en 313 apr. J.-C., le christianisme fut légalisé, et cette légalisation marqua un arrêt. Le christianisme ne coûtait plus rien à personne. Or, l'Évangile originel disait : « Renonce à toi-même, prends ta croix et suis-moi », car tu es déjà mort avec Christ et tu vivras éternellement. Il est temps maintenant de vivre pour le Royaume. Que tu vives ou que tu meures, tu vis en Christ. Tu vis déjà selon le Royaume à venir, alors maintenant, même si on te coupe la tête, tu vis, comme le dit Paul : « Vivre c'est Christ, et mourir est un gain. »

Mais parce que quelqu'un a dit : « Ne faites pas ça, n'appelez personne à la croix. Les autorités nous ont dit de ne pas faire ça. » Nous avons cessé de respecter la pure parole de Dieu. Mais laissez-moi vous dire : nous avons une autorité supérieure à celle de cette terre. Son nom est Jésus. Il est Roi, et nous devons lui obéir. Même s'ils nous mettent en prison ou nous coupent la tête, peu m'importe. Il y a des mourants pour qui Jésus a payé, et ils ne sauront jamais si je suis tout ce que dit le gouvernement.

Vous savez, en Chine, on n'est jamais libre de se réunir comme aux États-Unis. Il existe pourtant une église légale que le gouvernement chinois autorise les croyants chinois à avoir. Ils ont retiré tous les passages importants des Écritures, ont fait leur propre Bible et ont dit : « Vous n'avez pas le droit de parler de ces choses. » Et une partie de l'Église a dit : « D'accord, merci beaucoup. » Cette église ne grandit pas ; elle est morte.

Mais l'Église clandestine de Chine a dit : « Vous pouvez nous mettre en prison, vous pouvez nous décapiter, mais nous devons prêcher Jésus. » Vous savez, c'est la plus grande Église du monde – plus grande que toutes les Églises d'Amérique et toutes les Églises d'Europe réunies. L'Église de Chine à elle seule est plus grande et croît plus vite. Pourquoi ? Parce qu'ils comprennent l'Évangile du Royaume.

Quand on a dit à Pierre et Jean : « Arrêtez de parler de Jésus », ils ont dit : « Qui devrions-nous écouter ? Vous ou Dieu ? » Les autorités ont répondu : « D'accord. Si vous parlez encore de Jésus, nous vous tuerons. » Pierre et Jean ont répondu : « Faites-le. » Ils les ont battus et les ont relâchés. Pierre et Jean ont célébré le fait d'avoir reçu des coups pour Jésus. Pierre et Jean ont dit : « Ils nous ont battus. C'est génial ! Loué soit Dieu ! Nous venons de recevoir une récompense dans le Royaume, je le sais. Nous étions fiers de nous vanter de Lui publiquement, et Il dit qu'Il sera fier de se vanter de nous devant Son Père. » Voilà la bonne nouvelle !

Voici le secret de tout cela : chaque vérité est un échec, et nous devons trouver l'équilibre entre la vérité et la vérité, en suivant le conseil de Dieu. Si nous ne faisons pas le travail qu'il nous demande, il ne sera pas satisfait. Mais l'autre face de cette vérité, c'est ce que nous voyons avec Marie et Marthe dans Luc 10. Marthe essaie de faire tout le travail, et Jésus dit : « Regarde, tu peux le faire, mais Marie va recevoir la récompense, et elle ne travaille pas ; elle est assise à mes pieds. »

Et ce que je crois, c'est que nous devons d'abord être Marie. Tout doit venir de notre présence à ses pieds. Nous allons travailler, mais puissions-nous d'abord être Marie et accomplir ces œuvres en restant fidèles. Ce jour-là, certains diront : « N'avonsnous pas chassé des démons et prophétisé en ton nom ? » Et il leur dira : « Je ne vous ai jamais connus. » Pourquoi ? Ils ne se sont jamais assis à ses pieds. Ils ne le connaissaient pas vraiment. Ils savaient agir selon l'Esprit, mais ils ne le connaissaient pas.

Je suis le vrai cep, et mon Père est le vigneron. Tout sarment qui est en moi et qui ne porte pas de fruit, il le retranche ; et tout sarment qui porte du fruit, il l'émonde, afin qu'il porte encore plus de fruit.
Vous êtes déjà purs à cause de la parole que je vous ai annoncée. Demeurez en moi, et je demeurerai en vous. Comme le sarment ne peut de lui-même porter du fruit s'il ne demeure attaché au cep, ainsi vous ne le pouvez non plus, si vous ne demeurez en moi. Je suis le cep, vous êtes les sarments. Celui qui demeure en moi et en qui je demeure porte beaucoup de fruit, car sans moi vous ne pouvez rien faire. Si quelqu'un ne demeure pas en moi, il est jeté dehors, comme le sarment, et il sèche ; on le ramasse, on le jette au feu, et il brûle. Si vous demeurez en moi, et que mes paroles demeurent en vous, demandez ce que vous voudrez, et cela vous sera accordé. Si vous portez beaucoup de fruit, c'est ainsi que mon Père sera glorifié ; et vous serez mes disciples. Jean 15:1-8

Remarquez les premiers mots : « Je suis ». Quel est le nom de Dieu le Père ? « Je suis ». Jésus vient de dire de lui-même : « Je suis ». Ce qui est étonnant, c'est que l'Évangile de Jean s'articule autour de sept « Je suis ». Les Évangiles synoptiques (Matthieu, Marc et Luc) traitent de la compréhension du Royaume. Et Jean dit : « D'accord, vous comprenez le Royaume, mais laissez-moi m'assurer que vous comprenez Jésus. » Il cite les sept « Je suis » de Jésus, et il écrit tout l'Évangile à partir de ces sept « Je suis ».

Vous devriez lire Jean, tout entier. Mais si le Royaume ne l'équilibre pas, il sera erroné. Jean nous invite à une merveilleuse intimité avec Dieu, blottis contre la poitrine de Jésus. Matthieu,

Marc et Luc déclarent : « Partons à l'assaut des portes de l'enfer ! » D'une certaine manière, le seul livre de Jean équilibre trois Évangiles – c'est incroyable.

Il est très important de trouver un juste équilibre. Si nous nous tournons vers Jean et posons la question : « Qui est Dieu ? », nous découvrons qu'il est amour. Jean approfondit la question de Jésus, qui est ce Dieu, qui est amour, et le mot « amour » est souvent utilisé. Mais Jean parle aussi d'être planté par le Seigneur. Nous le lisons dans Ésaïe 60 et 61, où les deux chapitres parlent de nous comme des êtres plantés par le Seigneur pour lui apporter la gloire.

Je crois que la « posture et l'attitude de Marie » – être planté par le Seigneur – illustrent bien cela. On ne peut porter de fruit que si l'on est planté par le Seigneur. Analysons Jean 15 : Jésus dit :

> *« Je suis le cep, et mon Père est le vigneron. Tout sarment qui est en moi et qui ne porte pas de fruit, il le retranche ; et tout sarment qui porte du fruit, il l'émonde, afin qu'il porte encore plus de fruit. »*
> *Jean 15:1-2*

Il continue :

> *« Demeurez en moi, et je demeurerai en vous. Comme le sarment ne peut de lui-même porter du fruit s'il ne demeure attaché au cep, ainsi vous non plus, si vous ne demeurez en moi. Je suis le cep, vous êtes les sarments. Celui qui demeure en moi et en qui je demeure porte beaucoup de fruit, car sans moi vous ne pouvez rien faire. »*
> *Jean 15:4-5*

C'est comme : « Ne vient-il pas de dire ça ? » Chaque fois que vous lisez quelque chose dans les Écritures et que vous vous dites : « Je suis presque sûr qu'il vient de dire ça », il essaie d'attirer votre attention. Il dit : « C'est très important, je vais le répéter. »

« Si quelqu'un ne demeure pas en moi, il est jeté dehors, comme le sarment, et il sèche ; on le ramasse, on le jette au feu, et il brûle. Si vous demeurez en moi, et que mes paroles demeurent en vous. » Jean 15:6-7

À quoi cela ressemble-t-il lorsqu'Il demeure en nous et que Sa Parole demeure en nous ?

« Vous demanderez ce que vous voudrez, et cela vous sera accordé. C'est par là que mon Père sera glorifié. » Jean 15:7-8

Avez-vous compris ? Ésaïe 60 et 61 disent qu'Il vous plantera, que vous porterez du fruit et que vous glorifierez le Père. Jésus vient de dire : « Je suis le cep, vous êtes les sarments. Mon Père est le vigneron. Si vous lui permettez de vous tailler, vous porterez beaucoup de fruit et vous glorifierez le Seigneur. » Ainsi, tout le fruit du Royaume – la prédication de l'Évangile du Royaume, la guérison, la résurrection, la délivrance – commence ici : « Vous demeurez en Lui. »

Voulez-vous glorifier Dieu ? Demeurez en Lui. Demeurez dans Sa Parole et laissez Sa Parole demeurer en vous. Vous devez prendre le temps de connaître la Parole, de connaître la vérité, afin d'être libre et de le rester, de demeurer, de porter du fruit et de glorifier Dieu. Si vous voulez guérir les malades, ressusciter les morts et purifier les lépreux, asseyez-vous à Ses pieds, lisez Sa Parole et écoutez Sa voix. Alors, guérir et tout le reste, c'est facile – nous pouvons vous apprendre à le faire en un week-end. C'est vraiment facile . Il fait tout. Maintenant, demeurons.

Nous devons comprendre l'Évangile comme un Royaume avec un Roi, et nous comme un peuple se préparant à la venue de ce Roi – le Roi qui est venu et qui vient. Tout le Nouveau Testament est ainsi. Certains demandent : « Est-il venu, ou vient-il ? » Et le Nouveau Testament répond : « Oui . » Nous devons peser le pour et le contre de cette façon. Nous sommes sauvés par la foi, mais nous avons du travail à faire. Nous perdons l'équilibre lorsque nous donnons la priorité à l'un sur l'autre. Tout est équilibré ainsi.

Il est important que nous comprenions que le Royaume de Jésus est à la fois présent et pas encore. C'est la tension dans laquelle nous vivons. Le Royaume a été inauguré – il est là – mais sa pleine manifestation est encore à venir. C'est la partie « pas encore ». Mais en tant que son peuple, nous vivons dans cet espace intermédiaire où le Royaume fait irruption dans ce monde à travers nous.

En demeurant en Lui, nous portons le fruit du Royaume ici et maintenant. Nous sommes appelés à accomplir l'œuvre du Royaume, apportant la guérison, la délivrance et la bonne nouvelle à ceux qui sont perdus et blessés. Mais nous le faisons tout en gardant les yeux fixés sur la plénitude du Royaume à venir. Jésus a dit :

« Cherchez premièrement le royaume et la justice de Dieu ; et toutes ces choses vous seront données par-dessus. » Matthieu 6:33

Que signifie chercher le Royaume d'abord ? Cela signifie que le Royaume de Dieu et sa justice doivent être au centre de nos vies. Tout le reste – nos emplois, nos familles et même nos ministères – doit être placé sous la domination et le règne du Roi Jésus. C'est son Royaume que nous bâtissons, pas le nôtre. Nous le voyons aussi dans le Notre Père, où Jésus nous a appris à prier :

« Que ton règne vienne ; que ta volonté soit faite sur la terre comme au ciel. » Matthieu 6:10

C'est une déclaration puissante que le Royaume de Dieu envahira la terre, que sa volonté sera faite ici comme au ciel. Cela signifie que nous prions pour que les réalités du ciel – où il n'y a ni maladie, ni douleur, ni chagrin, ni péché – pénètrent dans notre monde. Et cela se produit par nous, l'Église. L'Église est l'agent du Royaume sur terre. Nous sommes le corps du Christ, et en tant que son corps, nous sommes appelés à poursuivre son œuvre, en proclamant l'Évangile du Royaume et en démontrant sa puissance. Jésus nous a confié la Grande Mission dans l'Évangile de Matthieu.

> *« Tout pouvoir m'a été donné dans le ciel et sur la terre. Allez, faites de toutes les nations des disciples, les baptisant au nom du Père, du Fils et du Saint-Esprit, et enseignez-leur à observer tout ce que je vous ai prescrit. Et voici, je suis avec vous tous les jours, jusqu'à la fin du monde. » Matthieu 28:18-20*

Cette mission est notre mission jusqu'au retour de Jésus. Nous sommes appelés à aller faire des disciples – pas seulement des convertis, mais des disciples qui suivent Jésus et obéissent à ses commandements. Nous sommes également appelés à les baptiser et à leur apprendre à obéir à tout ce que Jésus a commandé. Remarquez que Jésus a dit : « Je suis avec vous tous les jours, jusqu'à la fin du monde. » Cela signifie que nous ne le faisons pas seuls. Jésus est avec nous et, par la puissance du Saint-Esprit, nous pouvons accomplir cette mission. Mais cette mission ne se limite pas à prêcher des paroles, elle consiste à démontrer le Royaume avec puissance. Jésus a dit :

> *« Mais vous recevrez une puissance, le Saint-Esprit survenant sur vous, et vous serez mes témoins à Jérusalem, dans toute la Judée, dans la Samarie, et jusqu'aux extrémités de la terre. » Actes 1:8*

Nous ne pouvons accomplir la Grande Mission sans la puissance du Saint-Esprit. L'Église primitive l'avait compris. Elle ne se contentait pas de prêcher l'Évangile, elle démontrait la puissance du Royaume. C'est pourquoi nous voyons des miracles, des signes et des prodiges tout au long du livre des Actes. Ce n'étaient pas de simples paroles, c'étaient une démonstration du Royaume. Paul a dit :

> « *Car le royaume de Dieu ne consiste pas en paroles, mais en puissance.* » *1 Corinthiens 4:20*

Le Royaume ne se résume pas à la prédication ou à l'enseignement : il s'agit de démontrer la puissance de Dieu. Et cette puissance est accessible à chaque croyant. Jésus n'a pas seulement envoyé les apôtres avec cette mission ; il a envoyé tous ses disciples. Nous y compris.

> *Voici les miracles qui accompagneront ceux qui auront cru : en mon nom, ils chasseront les démons ; ils parleront de nouvelles langues ; ils saisiront des serpents ; et s'ils boivent quelque chose de mortel, cela ne leur fera aucun mal ; ils imposeront les mains aux malades, et les malades seront guéris. Marc 16:17-18*

Ces signes ne sont pas réservés à quelques privilégiés, mais à tous les croyants. La puissance du Saint-Esprit est à notre disposition aujourd'hui, tout comme elle l'était pour l'Église primitive. Lorsque nous comprenons le Royaume et sa puissance, nous pouvons cheminer pleinement dans l'appel de Jésus. Mais rappelez-vous, comme nous l'avons mentionné précédemment, que tout cela vient de notre attachement à Jésus. Nous ne pouvons rien faire par nos propres forces. Cela signifie que tout ce que nous faisons dans le Royaume doit provenir de notre connexion à Jésus. Nous devons demeurer en Lui, passer du temps en Sa présence, écouter Sa voix et nous laisser guider par Son Esprit. C'est ainsi que nous portons du fruit. C'est ainsi que nous apportons les réalités du Royaume au monde qui nous entoure.

Le Royaume est là, et il vient. Nous sommes appelés à vivre dans la tension du « maintenant » et du « pas encore ». Nous proclamons l'Évangile du Royaume, nous démontrons sa puissance et nous nous préparons pour le jour où Jésus reviendra et établira pleinement son règne sur terre. D'ici là, nous avons du travail à faire. Nous devons nous occuper des affaires du Père, introduire son Royaume sur terre et faire de toutes les nations des disciples. Et nous le faisons avec l'assurance que Jésus est avec nous et que sa puissance nous est accessible par le Saint-Esprit.

Le jour viendra où la plénitude du Royaume sera là, où Jésus essuiera chaque larme, et où il n'y aura plus ni mort, ni chagrin, ni douleur. Mais en attendant ce jour, nous sommes appelés à être ses témoins, démontrant son Royaume et sa puissance à un monde qui a désespérément besoin de lui. Vivons dans l'urgence, sachant que le temps presse et que le Roi revient bientôt. Cherchons d'abord son Royaume et sa justice, et ayons confiance que tout le reste nous sera donné par surcroît à mesure que nous accomplissons l'œuvre à laquelle il nous a appelés.

Soyons l'Église que Jésus a voulu que nous soyons : une Église emplie de son Esprit, marchant dans sa puissance et faisant progresser son Royaume sur la terre. Soyons ceux qui portent la lumière du Christ dans les endroits les plus sombres, sachant que nous ne sommes pas seuls. Il est avec nous, nous donnant la force à chaque étape du chemin. La Bible dit :

« Car la création attend avec un ardent désir la révélation des fils de Dieu. » Romains 8:19

Toute la création attend que nous, les enfants de Dieu, nous nous levions et prenions notre place dans le Royaume. Elle attend que nous révélions le Royaume de Dieu sur terre comme au ciel.

Le monde a soif de réalité, de quelque chose qui dépasse les mots et les doctrines ; il attend de voir la puissance du Royaume.

Voilà pourquoi nous sommes ici. C'est notre mission. Nous ne sommes pas ici seulement pour exister jusqu'à notre mort et notre ascension au ciel ; nous sommes ici pour apporter le ciel sur terre, pour introduire la loi et le règne de Dieu dans tous les domaines de la vie et pour amener les gens à la connaissance salvifique de Jésus-Christ. Le jour viendra où tout genou fléchira et où toute langue confessera que Jésus-Christ est Seigneur, à la gloire de Dieu le Père (Philippiens 2:10-11). Mais, en attendant ce jour, vivons en citoyens de son Royaume, marchant sous son autorité et proclamant la bonne nouvelle du Royaume partout où nous allons. Les champs sont mûrs pour la moisson. Jésus a dit :

« La moisson est abondante, mais les ouvriers sont peu nombreux. Priez donc le maître de la moisson d'envoyer des ouvriers dans sa moisson. » Matthieu 9:37-38

Soyons ces ouvriers. Soyons ceux qui vont dans les champs de la moisson, ramenant les perdus, guérissant les malades, chassant les démons et ressuscitant les morts. Soyons ceux qui portent le message du Royaume jusqu'aux extrémités de la terre. Il n'y a pas de plus grand appel. Il n'y a pas de plus grande mission. Et il n'y a pas de plus grande récompense que de savoir que nous sommes partenaires de Jésus pour instaurer son Royaume sur terre.

C'est pourquoi, Église, lève-toi ! Lève-toi, resplendis, car ta lumière est venue ! Le Royaume est proche, et le Roi viendra bientôt. Préparons-nous à son retour en accomplissant l'œuvre à laquelle il nous a appelés, revêtus de la puissance de son Esprit, et en vivant pleinement son Royaume. Jésus dit :

« Et voici, je viens bientôt, et ma rétribution est avec moi, pour rendre à chacun selon ce que sont ses œuvres. » Apocalypse 22:12

Sachons que le Roi vient bientôt. Vivons chaque jour avec l'urgence et la passion qui naissent de la conscience d'être appelés à faire progresser son Royaume, à proclamer son Évangile et à manifester sa puissance. Assurons-nous qu'à son retour, nous entendrons ces paroles : « C'est bien, bon et fidèle serviteur. Entre dans la joie de ton Seigneur. »

Nous sommes le peuple de son Royaume, et sa mission nous a été confiée. Allons, par la puissance du Saint-Esprit, accomplir cette mission. Vivons en citoyens du Royaume de Dieu, les yeux fixés sur Jésus, l'Auteur et le Consommateur de notre foi, jusqu'à son retour glorieux pour établir son Royaume pour toujours.

Questions de discussion

1. Comment la compréhension de la manière dont Jésus a démontré le Royaume de Dieu remet-elle en question votre approche actuelle de la foi et du ministère ? De quelles manières concrètes pouvez-vous contribuer à apporter les réalités du ciel (guérison, délivrance, miracles) sur terre dans votre vie quotidienne ?

2. Que signifie demeurer en Christ, et comment cette demeure vous permet-elle de porter du fruit pour le Royaume ? Comment pouvez-vous cultiver une intimité plus profonde avec Jésus afin que vos œuvres soient ancrées dans une relation authentique avec lui ?

3. Compte tenu de l'importance accordée dans ce chapitre à l'urgence de faire progresser le Royaume, quelles mesures pouvez-vous prendre pour aligner vos priorités sur la mission de Dieu ? Comment le concept du Royaume « maintenant et pas encore » influence-t-il votre vision du rôle de l'Église et de votre responsabilité personnelle en son sein ?

5

L'ÉTHIQUE DU ROYAUME

Comme nous l'avons vu, notre priorité doit être le Royaume de Dieu. L'Église occidentale dans son ensemble ne semble pas vraiment comprendre cela, alors nous avons tendance à prêcher l'Évangile du salut. Certes, l'Évangile du salut est une bonne chose. Il est vital , en fait, mais il fait partie de l'Évangile du Royaume. Il n'en est qu'une partie. Nous pouvons prêcher l'Évangile du salut et laisser de côté l'Évangile du Royaume. Mais nous devons comprendre que l'Évangile prêché par Jésus était l'Évangile du Royaume.

Pourquoi l'Église semble-t-elle parfois si impuissante ? C'est parce qu'elle a l'Évangile du salut, mais pas l'Évangile du Royaume. Je crois que nous devrions prêcher l'Évangile que Jésus a prêché, car le salut y est inclus. Au lieu de séparer ce qui nous profite de ce qui nous coûte, nous avons besoin de l'Évangile complet. Ce qui se passe lorsque nous nous concentrons uniquement sur l'Évangile du salut, c'est que les gens sont sauvés, mais ils attendent ensuite l'éternité. Il n'y a rien d'autre à faire. Ils se disent : « J'espère être assez bon et pouvoir entrer. » Cela conduit les chrétiens à vivre sans pouvoir, car ils ne comprennent pas que Jésus ne voulait pas seulement les sauver pour qu'un jour ils puissent aller au ciel. Ce n'est pas le plan ou le dessein ultime de Dieu. Même lorsqu'il nous a appris à prier, il a dit : « Que ton règne vienne, que ta volonté soit faite sur la terre comme au ciel. »

Le Royaume de Dieu est lié à son règne. Ce chapitre se concentrera sur ce que j'appelle l'éthique du Royaume. Comprendre cela améliorera notre compréhension du Royaume et de la Bible dans son intégralité. J'espère qu'à présent, en lisant ce livre, la Bible vous paraît plus claire qu'au début. Notre ami Roméo, l'un de nos disciples au Burkina Faso, en Afrique de l'Ouest, dit : « L'Église en Amérique est très intéressante. Ils disent : "J'aime telle partie de la Bible, mais je n'aime pas telle autre." Oh, j'aime telle partie. Ils choisissent simplement les passages qu'ils aiment et en laissent de côté. »

Puis-je vous dire, Église, qu'il ne faut omettre aucun passage des Écritures. Tout est logique et tout s'articule comme une seule histoire. Mais si nous oublions certains éléments fondamentaux, nous devrons faire des choix, car cela n'aura aucun sens. Si vous avez un cessationniste Si vous avez des antécédents ou un état d'esprit différents (c'est-à-dire que vous croyez que les dons spirituels ont disparu), vous serez en conflit avec la Bible. Vous devrez ignorer de nombreux passages des Écritures . Souvent, ce sont ces personnes qui pensent avoir la bonne voie. Mais pour y croire, il faut sauter environ la moitié de la Bible. Comment pouvons-nous croire avoir la bonne voie si nous devons ignorer la moitié des Écritures ou dire : « Ce n'est plus important ? »

Ce chapitre est centré sur le Sermon sur la montagne. Jésus a dit : « Pas un seul « trait de lettre » (la plus petite lettre des Écritures hébraïques) ne passera avant que le ciel et la terre ne passent. Nous savons que le ciel et la terre passeront lorsque Jésus instaurera un nouveau ciel et une nouvelle terre, mais d'ici là, rien de tout cela ne passera. Pourtant, nous disons : « Tout est passé. » C'est contraire aux Écritures. Je veux m'assurer que vous puissiez lire l'intégralité des Écritures sans vous sentir en conflit. Nous avons expliqué pourquoi les miracles, les signes et les prodiges ont accompagné Jésus. J'espère que vous serez béni de comprendre que Jésus n'a pas accompli de miracles, de signes et de prodiges parce qu'il était Dieu. Il les a accomplis parce que dans le Royaume de Dieu, tel que décrit dans Apocalypse 21 et 22, ces choses (la maladie, la mort, l'oppression démoniaque) n'ont pas leur place. Donc, si Jésus instaure le Royaume de son Père, les malades doivent être guéris, car la maladie n'a pas sa place dans le Royaume. Les démons doivent être chassés, car ils n'ont pas leur place dans le Royaume. Les morts doivent être ressuscités, car la mort n'existe pas dans le règne de Dieu. Ce sont là des signes que le Royaume est proche.

Mais il y a autre chose que nous devons aborder concernant le Royaume et qui changera tous les aspects de votre vie : vous ne ferez pas que des miracles. Un jour, Jésus dira, dans Matthieu 7 (extrait du Sermon sur la montagne), que les gens diront : « Seigneur, Seigneur ! » Et que dira-t-il ? Tous ceux qui crient « Seigneur, Seigneur ! » n'entreront pas au Royaume des cieux. Il dit que certains le feront, mais sa réponse sera : « Éloignez-vous de moi, vous qui commettez l'iniquité ! Je ne vous ai jamais connus. » Et ils diront : « Nous avons prophétisé, nous avons fait de grands prodiges et nous avons chassé des démons. N'avons-nous pas fait tout cela en ton nom ? » Mais il dira : « Je ne vous ai jamais connus. » Il ne fait aucun doute que vous pouvez accomplir les œuvres du Royaume, mais s'il manque un ingrédient clé, Jésus dira : « Je ne vous connais pas. » C'est pourquoi ce chapitre est si important.

Jésus prie dans Jean 17, qui est en réalité le Notre Père, car c'est à ce moment-là que le Seigneur priait. Nous aimons appeler la prière de Matthieu 6, où Jésus enseigne à ses disciples à prier, le Notre Père. Il dit : « Ne faites pas de longues prières répétitives comme le font les païens, pensant être exaucés à force de paroles.

Ne priez pas ainsi. » Ils chantaient, comme le font les sorcières. Il dit : « Ne priez pas ainsi. Priez ainsi : Notre Père, qui es aux cieux... » Nous appelons cela le Notre Père, mais Jésus avait en réalité une prière qui était la sienne, le Notre Père, et dans ce moment d'intimité avec le Père, il a prié autre chose :

« Afin que tous soient un, comme toi, Père, tu es en moi, et comme je suis en toi ; qu'eux aussi soient un en nous, pour que le monde croie que tu m'as envoyé. » Jean 17:21

Quelques versets plus loin, Jésus révèle que tel est son désir. Le désir de Jésus, qui n'a d'autre désir que celui du Père, montre que c'est ce que désire le Père. Que nous soyons tous un, un avec Lui, qui est un avec le Père dans l'Esprit. Tel est le véritable objectif du Père, du Fils et du Saint-Esprit : que nous ayons ce qu'ils ont, c'est-à-dire cette belle harmonie dans leur relation.

Ce n'est pas facile. C'est même très difficile. Si vous êtes mariés, vous le comprenez. Combien d'entre vous ont rencontré des difficultés dans leur mariage ? Pourtant, Dieu désire que nous soyons unis dans notre mariage, n'est-ce pas ? Et Jésus désire que son Église soit une, et qu'elle soit une avec lui. Le monde répondrait en disant : « Waouh, nous voulons cela. » Dieu recherche une unité dans son Église – non pas celle qui naît d'un certificat de mariage, mais celle d'une vie vécue et expérimentée, de croissance et de maturité, où nos vies sont unies, de sorte que Dieu lui-même regarderait et dirait : « Waouh, ils sont un. »

Que l'unité règne aussi entre vous, vos enfants et votre foyer. Que l'unité règne aussi entre vos voisins. C'est le désir de Dieu. Je sais qu'ici, aux États-Unis, on nous appelle les « États-Unis », mais je sais aussi qu'il y a beaucoup de conflits et de divisions, ce qui n'est pas le désir de Dieu. Le désir de Jésus est que nous soyons un.

Les Écritures de l'Ancien Testament nous indiquent comment être en règle avec Dieu, être un avec lui. C'est la loi. Dieu a donné la loi. Dans Exode chapitre 20, il a donné les Dix Commandements. « Si vous faites cela, vous serez justes », ce qui signifie que vous serez en règle avec Dieu. Et à la fin de cette vie, si vous avez fait tout cela, vous serez en règle avec Dieu et vous recevrez la vie éternelle. C'est ainsi qu'était l'Ancien Testament. Mais Jésus vient et dit : « Je ne suis pas venu pour abolir cela. Je suis venu pour l'accomplir. » (Matthieu 5:17)

Leur mode de vie était basé sur les œuvres : si je fais ceci, j'obtiens ceci. Mais Jésus inverse la situation. Il y a ce qu'on appelle l'impératif : « Tu es ». Puis il y a l'indicatif : « le résultat de ce que tu es ». Prenons l'exemple d'un chien. Imaginons que vous êtes un chien et que les chiens rapportent des balles. Être un chien est l'impératif, et rapporter des balles est l'indicatif. Donc un chien rapporte des balles parce que c'est un chien. Dans l'Ancien Testament, l'impératif venait après l'indicatif : si vous vivez dans la justice, si vous obéissez à la loi, alors vous serez justes, vous serez bénis et vous obtiendrez la vie éternelle. Dans le Nouveau Testament, l'impératif vient en premier : « Tu es juste ». L'indicatif vient après : « Vivez dans la justice ».

Si nous ne comprenons pas cela, nous vivrons religieusement. Nous vivrons en faisant des choses pieuses afin d'obtenir quelque chose. Le Nouveau Testament dit : « Tu l'as, alors vis-le. » L'impératif vient en premier, donc l'indicatif vient après. Je veux vous montrer cela dans Matthieu chapitre 5, car c'est essentiel pour comprendre le christianisme. Vous ne pouvez pas être juste tout seul. Votre indicatif ne fera jamais votre impératif. Cela ne fonctionnera jamais ainsi. Vous ne deviendrez jamais un enfant de Dieu grâce à vos bons efforts. Certains d'entre nous travaillent très dur pour être bons, et c'est épuisant. Si c'est votre cas, je suis impatient que vous compreniez cette révélation : que l'impératif vienne en premier. Qu'il soit déclaré à votre sujet afin que vous puissiez en vivre les fruits. ***Vous êtes un enfant de Dieu.***

Le Sermon sur la montagne est une image de Jésus comme étant le plus grand Moïse, celui qui est plus grand que Moïse. Moïse a dit : « Il vient quelqu'un qui est comme moi, mais plus grand. Ce sera un prophète comme moi, mais il sera plus grand . » (Deutéronome 18:18). Dans le Sermon sur la montagne, Jésus monte sur une montagne. Où Moïse a-t-il obtenu la loi ? Sur une montagne. Jésus met donc cela en pratique. Il monte, les fait asseoir et commence à leur donner la loi, mais d'une manière différente. L'impératif vient en premier. Il dit : « Béni ! » Vous êtes bénis, alors voyons cela rapidement :

« Heureux les pauvres en esprit... » Matthieu 5:3

L'impératif vient en premier : vous êtes béni, donc vous êtes pauvre en esprit. « Béni » est ce que vous êtes ; ce que vous faites vient après ce que vous êtes. Vous êtes béni, et de ce fait, vous êtes pauvre en esprit.

- « Heureux ceux qui pleurent, car ils seront consolés. »
- « Heureux les doux, car ils hériteront de la terre. »
- « Heureux ceux qui ont faim et soif de la justice, car ils seront rassasiés. »

Et ainsi de suite. J'encourage chacun à prendre le temps de lire dans les Écritures ce dont je parle dans ce chapitre, car il est très riche. L'impératif vient en premier : « ***Vous êtes bénis*** , et les bénis sont ainsi. » Jésus poursuit :

« Vous êtes le sel de la terre. » Matthieu 5:13

Tu es – voilà ce que tu es. L'impératif vient en premier. Puis Il dit : « Tu es la lumière du monde. Que ta lumière brille. » L'impératif de ce que tu es – la lumière – libère l'indicatif de ce que tu brilles à cause de ce que tu es. Tu es la lumière, donc tu brilles. Tu es le sel, alors sois salé. Tu es béni, et voilà à quoi cela ressemble. Cela perturbe les pharisiens parce qu'ils essaient de gagner quelque chose, et Jésus inverse la situation : *Tu* seras comme ça parce que c'est ce que tu es. Si tu inverses la situation, tu retourneras à la religion et essaieras de la gagner. Jésus déclare : « Tu es juste ; maintenant, vis dans la justice. » Cela change tout. Cela perturbe ceux qui comprennent la loi à l'époque du Nouveau Testament. Mais voici ce que Jésus poursuit :

> « *Ne croyez pas que je sois venu abolir la loi ou les prophètes. Je suis venu non abolir, mais accomplir. Car, en vérité, je vous le dis, tant que le ciel et la terre ne passeront pas, il ne disparaîtra pas de la loi un seul iota ou un seul trait de lettre, jusqu'à ce que tout soit arrivé.* » *Matthieu 5:17-18*

Jusqu'à ce que nous y soyons pleinement, Il dit : « Celui donc qui supprimera l'un de ces plus petits commandements, et qui enseignera aux hommes à faire de même, sera appelé le plus petit » (verset 19).

> « *Car je vous le dis, si votre justice ne surpasse celle des scribes et des pharisiens, vous n'entrerez point dans le royaume des cieux.* » *Matthieu 5:20*

Le peuple juif – les pêcheurs, les collecteurs d'impôts et les gens ordinaires qui l'écoutaient – a dû se demander : « Comment pouvons-nous faire cela ? À moins que cela ne dépasse leur droiture ? » Ils se demandaient : « Qui peut entrer, alors ? » Jésus est le seul qui, par ses propres efforts et son travail, puisse entrer.

Laissez-moi vous éclairer sur un point délicat pour les théologiens. C'est un problème majeur pour les Églises réformées. Elles ne veulent pas que la repentance soit une œuvre, car l'Écriture dit en Éphésiens 2:8 : « Nous sommes sauvés par la grâce, par le moyen de la foi, et non par notre propre œuvre, afin de ne pas nous glorifier. » Nous ne sommes donc pas sauvés par nos œuvres. Voici le problème : les gens ne veulent pas que la repentance soit une œuvre, car dans les Écritures, foi et repentance vont de pair. Si c'est le cas, alors vous travaillez. Pour éviter cela, les gens n'appellent pas à la repentance. Mais ce n'est pas le cas. Ce n'est pas compliqué.

Comment y accéder ? Par la foi. D'où vient la foi ? En entendant la parole de Dieu. Quand on entend la parole de Dieu, il y a quelque chose dedans : c'est la grâce. Quand on l'entend, c'est le rhema de Dieu, pas seulement le logos. Le logos est la parole écrite de Dieu ; le rhema est la parole de Dieu fraîchement prononcée. Quand on prononce le logos avec l'Esprit de Dieu, cela devient du rhema. Et quand on l'entend, on se dit : « Oh mon Dieu, c'est vrai ! » La grâce vous a permis de voir ce que vous ne pouviez pas voir auparavant. Vous croyez : c'est basé sur la foi. Maintenant, parce que vous croyez, il y a une œuvre à accomplir que vous ne pouviez pas faire auparavant sans la grâce.

Qu'est-ce que la grâce ? C'est là que l'Église est en difficulté. La grâce est une puissance divine : Dieu vous donne le pouvoir de faire ce que vous ne pouvez pas faire. Vous êtes sauvé par sa puissance, pas la vôtre. Non pas par la force, ni par la puissance, mais par son Esprit. Alors oui, nous devons nous repentir, et il y a du travail à faire.

« Car nous sommes son ouvrage, ayant été créés en Jésus-Christ pour de bonnes œuvres, que Dieu a préparées d'avance, afin que nous les pratiquions. » Éphésiens 2:10

Il y a de bonnes œuvres à accomplir que nous ne pourrions accomplir par nos propres forces. Alors oui, la repentance est une œuvre, mais elle ne vient pas de votre puissance. C'est une œuvre de Sa grâce. La grâce vous permet de voir que vous allez dans la mauvaise direction, et par Sa puissance, vous vous tournez vers le droit chemin. La repentance, c'est se détourner. Vous alliez dans une direction, et Éphésiens 2 en parle : « Autrefois, vous étiez comme les païens, suivant votre propre voie, selon le prince de la puissance de l'air, un fils de perdition. Mais grâce à Sa grâce, vous voyez que Jésus est le Fils de Dieu, et qu'Il va dans cette direction. La grâce vous permet de vous tourner vers Lui et de Le suivre. »

Votre repentance – votre réaction de vous détourner de votre chemin pour suivre le sien – est due au fait que sa grâce vous a rendu capable de voir et vous a donné la force de vous tourner vers lui. Il y a donc du travail à faire, mais vous ne pouvez pas le faire seul. Non par votre force, mais par sa grâce. C'est pourquoi vous êtes béni ; vous avez sa grâce. Vous êtes béni. Quand vous croyez parce que vous avez entendu la parole de Dieu et que sa grâce était là, vous avez la foi. La Bible dit qu'à cet instant, vous êtes devenu enfant de Dieu. À tous ceux qui croient, il a donné le droit de devenir enfants de Dieu. À cet instant, Dieu est pour vous, et vous êtes béni parce que sa grâce est venue. Il vous a donné la vie et la capacité de marcher sur le droit chemin.

Ce qui se passe, c'est qu'on commence à pleurer son péché. On a la révélation qu'on a péché. On vivait d'une certaine manière dans le monde, sans aucune conviction. C'était mon cas : je volais les gens. Je me disais : « Oh, tu as ça et pas moi, mais je le veux, alors je vais le prendre et tu pourras essayer d'y remédier. » J'ai fait toutes sortes de choses folles. Puis, j'ai été sauvé et je me suis dit : « Qu'est-ce que je fais ? Je ne peux plus faire ça. » Mes amis ont pensé : « Hé, viens avec moi, va par là ! » Et j'ai répondu : « Je ne peux plus aller par là. Je ne peux plus faire ça. » Quelque chose en moi ne voulait pas faire ça. J'ai juste dit : « Non, merci. »

Quand certaines choses sortaient de ma bouche, je me disais :

« Qu'est-ce que c'était ? C'est dégoûtant. Je n'aime plus ça. »
C'était sa grâce en moi, témoignant que j'étais un enfant de Dieu,
me transformant, m'accordant la repentance et attestant que je
suis vivant maintenant. Il dit : « Ceux qui le suivent, qui
marchent par l'Esprit, sont enfants de Dieu. »

Voici un autre problème auquel l'Église est confrontée : nous
avons cru à ce mensonge qui dit : « Je crois être enfant de Dieu,
un point c'est tout, alors j'attends le ciel un jour et je n'ai pas vraiment besoin de changer grand-chose. » Non. Il dit : « Ceux qui
marchent selon l'Esprit sont les enfants de Dieu. » Vous trouverez
cela dans Romains, Éphésiens, Galates, à maintes reprises. Ceux
qui vivent selon l'Esprit ne satisfont pas la chair. Ceux qui vivent
selon la chair sont morts, car le salaire du péché, c'est la mort, et la
chair ne produit que le péché. Mais nous ne le faisons plus, car
nous sommes enfants de Dieu. Nous marchons selon l'Esprit.

Gordon Fee, un théologien remarquable et l'une de mes
personnes préférées, a dit : « Un chrétien est quelqu'un qui veut
vraiment l'être. » C'est ma définition du chrétien : quelqu'un qui
veut vraiment l'être. Autrement dit, on a le désir de faire ce qui est
juste. Mais ceux qui disent : « Je crois, et je sais que Dieu dit de ne
pas faire ceci, de ne pas faire cela, mais... » Et sa voix ne les
convainc pas du tout, et ils n'ont ni faim ni soif de justice – sont-
ils vraiment des enfants de Dieu ? Vous êtes un enfant de Dieu.
Vous êtes béni. Vous êtes béni lorsque vous avez faim et soif de
justice – c'est le résultat de ce que vous êtes.

Un chrétien est quelqu'un qui désire vraiment l'être.
Quelqu'un qui désire vraiment la justice, qui désire vraiment
Dieu, qui veut vraiment marcher dans la lumière, qui veut vraiment être libre. Voilà ce qu'est un chrétien : quelqu'un qui
cherche d'abord son Royaume et sa justice. Or, rappelons-nous
que nous ne pouvons y parvenir par nos propres forces. Nous y
parvenons par son Esprit, sa force, sa puissance.

Je voudrais me concentrer sur trois choses : l'amour, l'humilité et l'honneur. Dans la seconde moitié du chapitre 5 de Matthieu, Jésus passe en revue la seconde moitié des Dix Commandements. La première moitié concerne la justice entre vous et Dieu. La seconde moitié concerne la justice entre vous et les hommes. La première moitié dit : « N'ayez pas d'idoles, n'ayez pas d'autres dieux, n'adorez pas et ne blasphémez pas le nom du Seigneur. » Tout cela concerne l'amour de Dieu. La seconde moitié concerne la relation entre vous et votre prochain. Ainsi est la loi ; c'est pourquoi aimer Dieu et aimer son prochain accomplit toute la loi, car elle concerne Dieu et son prochain. (Matthieu 22:37-40, Romains 13:8-10)

Pour illustrer cela, Jésus le fait dans Matthieu, chapitres 5 à 7. Il ajoute également quelques éléments. Le chapitre 6 de Matthieu traite de la justice devant Dieu : comment prier, jeûner et donner. Ne le faites pas pour les hommes, faites-le pour Dieu. Vous le ferez en secret, car Dieu sait ce que vous faites en secret et vous récompensera publiquement. Il parle ensuite des possessions : comment vous les appréhendez maintenant, en fonction de qui vous êtes. Jésus redéfinit votre relation aux possessions, montrant comment vous appréhendez le monde et les biens matériels, en fonction de qui vous êtes. Pour résumer : Jésus explique comment vous appréhendez Dieu, votre prochain et les biens du monde. Tout cela est abordé dans le Sermon sur la montagne, car il redonne la loi à travers le prisme de l'Esprit.

Maintenant, je veux vous donner trois choses. Jésus dit : « Fais ceci et tu l'accompliras entièrement. » Souvent, nous pensons : « Je veux faire cela, mais je ne sais pas vraiment comment », et nous passons à côté des deux autres choses qui en découlent. Si nous pouvons voir les trois, nous pourrons y parvenir. Laissez-moi vous montrer trois choses qui réalisent le désir de Dieu. Encore une fois, le désir de Dieu est que nous soyons un. C'est son désir éternel. C'est pourquoi c'est important, car vous ne guérirez pas les malades dans l'éternité. Vous ne chasserez pas les démons dans l'éternité. Mais vous ferez ce dont je parle aujourd'hui dans l'éternité. Selon Jésus, qu'est-ce qui accomplit la loi ? L'amour.

La première chose C'est l'amour. Si vous comprenez l'amour, la loi sera facile à appliquer. L'un des commandements est : « Tu ne commettras pas d'adultère. » Les pharisiens disaient : « Oui, je n'ai jamais fait ça. Je suis bon. » Mais saviez-vous qu'on pouvait être misérable sans commettre d'adultère ? Cela n'accomplit donc pas vraiment le désir de Dieu.

On peut avoir cette « limite » où l'on se dit : « Tant que je ne transgresse pas cette loi, tout va bien », mais on peut quand même être un misérable à l'intérieur. Il dit : « Tu ne commettras pas de meurtre. » On peut être misérable sans commettre de meurtre. Jésus dit : « Si tu convoites la femme ou le mari de ton prochain, même si tu l'éprouves au plus profond de ton cœur, tu l'as déjà fait. » Tout commence dans le cœur. Il prend la loi et l'applique à ton cœur. Où commence le Royaume de Dieu ? Les pharisiens voulaient savoir quand, comment et où le Royaume de Dieu viendrait. Jésus a dit dans Luc 17 : « Il est en toi. » Le règne et la domination de Dieu commencent en toi. Le péché aussi.

Jésus dit que le meurtre commence par la haine. On pourrait dire : « Je suis juste parce que je n'ai pas commis de meurtre », et Jésus répond : « Laissez-moi vous donner une nouvelle définition de la justice : n'ayez aucune haine envers votre frère. » Car le but est la connexion avec votre frère. Ne peut-on pas assassiner son frère et vivre malgré tout déconnecté ? Nous avons déjà échoué, car le but de Dieu est la connexion, l'unité.

Si j'ai quelqu'un dans ma vie et que chaque fois que je le vois, je me dis : « Je ne le supporte pas. Je ne supporte pas ce qu'il porte. Il se croit si spécial. » Mais je ne l'ai pas tué, alors je dois quand même être juste. Jésus me dit : « Ce n'est pas comme ça que ça marche. Laisse-moi t'aider à comprendre ce que je suis venu faire. »

Jésus parle même de ne pas saluer quelqu'un. Il a dit : « À quoi bon saluer seulement sa famille et ceux qu'on aime ? » Si vous voyez quelqu'un que vous connaissez vous avoir fait du tort, quel qu'il soit, et que vous faites comme si vous ne le voyiez pas, ce n'est pas la voie de Dieu. Vous le voyez peut-être à l'épicerie, mais vous faites comme si de rien n'était. Vous passez à côté de lui. Mais vous seriez tellement excité si vous voyiez votre maîtresse de CE1, quelqu'un que vous adoriez : « Oh, Madame Samovar, quoi de neuf ? Vous vous souvenez de moi ? » Vous êtes tellement excité de le voir. Mais avec cette autre personne, vous baisseriez la tête et trouveriez un autre rayon. Jésus dit : « Vous avez déjà manqué mon désir, qui est l'unité. »

L'objectif n'est pas seulement de ne pas commettre de meurtre ou d'adultère. L'objectif est d'établir une connexion par un amour sincère. Sans cela, nous avons déjà failli au désir de Dieu. C'est pourquoi, dans le mariage, nous pensons être bons parce que nous n'avons pas divorcé. Mais sans amour et sans connexion, nous avons déjà échoué.

Cela place la barre si haut que nous pensons : « J'ai besoin de Dieu. » Oui, nous en avons besoin. Les pharisiens pensaient pouvoir tout sans Dieu, mais Jésus renverse la situation pour que les gens comprennent : « Oh, nous avons besoin de Dieu. » Exactement ! On ne peut y parvenir par ses propres forces, ni par la force, ni par la puissance. C'est là que nous avons réellement besoin de Dieu. Il faut d'abord savoir qui l'on est, que l'on est aimé et choisi, non pas pour nos bonnes œuvres, mais pour les siennes. Je pense que ces trois choses – l'amour, l'humilité et l'honneur – forment un lien à trois brins. Elles créeront une connexion. L'objectif est l'unité avec Dieu et avec son prochain, dans son mariage, avec ses enfants et dans toutes ses relations. C'est l'objectif. Mais pour y parvenir, il faut ces trois éthiques ou traits de caractère qui constituent la culture du Royaume : l'amour, l'humilité et l'honneur, dans cet ordre.

Premièrement, je dois être connecté à l'Amour Lui-même, la source de l'amour. Jésus dit : « Demeurez en moi, car sans moi vous ne pouvez rien faire de bon. » Vous ne pouvez rien faire de bon si vous ne demeurez pas en lui. Écoutez, je suis le Seigneur depuis plus de vingt ans, et je vous assure que j'ai dévoré la Bible. Je n'en ai jamais assez. Je prie, je passe du temps avec Dieu et je fais tout ça. Mais si je devais m'éloigner de ma relation avec le Seigneur pour un temps, ou s'il me retirait sa grâce un instant, je serais à deux doigts de devenir le pire pécheur que je connaisse.

Voilà comment je le sais : si je vois un donut, mes yeux et ma chair commencent à attirer toute mon attention et toute mon affection vers lui. Si, seul, je n'ai pas la force ni la force de surmonter les donuts, alors sans Sa grâce, je serais comme ça avec mille autres choses. Combien d'entre vous connaissent des gens comme ça ? Ils reçoivent une chose, mais ce n'est pas suffisant, alors ils ont besoin d'autre chose.

C'est ce que j'ai dit à un ami. Je lui ai dit : « Je sais que tu veux acheter telle maison, telle autre, mais la maison ne suffira pas. » Il n'y croyait pas encore. Je lui ai dit : « Dans un an, tu diras : "Cette maison n'est pas assez grande." Puis tu auras un enfant. Après ton deuxième, tu diras : "Il me faut quelque chose de plus grand." Et donc tu auras celui-là. Alors tu auras la place, mais tu te diras : "Ces plans de travail, mec. Il me faut du granit." Ce ne sera jamais assez. Et ce camion avec de gros pneus, il est surélevé, il fume quand tu appuies sur l'accélérateur, le turbo et tout... Ce ne sera tout simplement pas suffisant. Un jour, tu le regarderas et tu te diras : "Il ne fume pas assez, il ne va pas assez vite. Ce n'est tout simplement pas suffisant." »

Voilà en quoi nous sommes séparés de Dieu. Dans Genèse 11, des hommes construisaient des villes et se sont dit : « Construisons une tour pour nous et pour notre nom. » Voilà ce qu'est l'humanité. Pourquoi faisons-nous tout cela ? D'une certaine manière, cela procure une satisfaction : l'opinion que les gens ont de nous. Quand on part en vacances, on publie une photo. Quelqu'un doit être jaloux de la beauté de nos vies. Je ne dis pas que publier une photo est mal, mais quelle est la motivation ? Il faut aller au cœur du problème.

Cette corruption du cœur humain dit : « J'ai besoin de ton approbation. J'ai besoin de tes louanges. Cela me fait ressentir quelque chose. » Mais lorsque nous sommes satisfaits de Dieu, nous ne pensons plus de cette façon. Quelqu'un obtiendra quelque chose de mieux que nous, et nous célébrerons avec lui. Nous louerons Dieu pour cela, car notre cœur est déjà captivé et comblé en lui.

Nous devons d'abord nous plonger dans la source de son amour et y demeurer. Si nous la retirons, nous commencerons à percevoir des pensées dans notre cœur comme : « J'ai fait tout cela pour toi, et tu n'as rien fait en retour. Tu n'as pas dit merci. Tu n'as pas... » Nous commencerons à nous concentrer sur ce que les gens n'ont pas fait, ou sur ce que nous pensons que Dieu n'a pas fait, et nous nous concentrerons sur ce que nous pensons avoir fait et sur la façon dont nous devrions être traités en conséquence.

Pourquoi ? Parce que notre réservoir d'amour se vide et que nous ne restons pas connectés à la source de son amour. Nous blâmons Dieu : « J'ai versé, et tu n'as pas versé en retour. » Mais c'est ce que fait un cœur corrompu : « Je vais garder une trace de ce que tu me dois. » Or, si nous restons connectés à la source de l'amour, l'amour ne garde aucune trace des torts. Pourquoi ? Parce qu'il est trop centré sur qui est Dieu et sur ce qu'il a fait. Nous sommes submergés par sa bonté, sans même nous en rendre compte.

Si je ne suis pas satisfait, je vais trouver quelqu'un qui devrait m'aider à le faire, et c'est donc lui qui est mon méchant. Nous devons être satisfaits de Dieu et trouver satisfaction en Lui. Si nous nous satisfaisons en regardant des choses en ligne, en achetant des choses, en faisant des folies, ou quoi que ce soit, c'est que nous ne sommes pas satisfaits là où nous devrions être. Et tout cela finira par rouiller et disparaître. C'est ce que disent les Écritures : « Mettez votre trésor en Dieu, où il n'y a ni rouille ni rien à détruire. »

La deuxième chose est l'humilité. Voici comment être humble : le contraire de l'humilité est l'orgueil. À quel point Dieu déteste-t-il l'orgueil ? Énormément. Dieu s'oppose aux orgueilleux, mais accorde sa grâce aux humbles. Nous avons donc besoin de grâce ; c'est ainsi que nous accomplissons tout cela. Saviez-vous que comprendre combien vous êtes aimé et jusqu'où Dieu est allé pour vous montrer son amour produira réellement l'humilité en vous ? Prendre conscience de combien Dieu vous a pardonné et de votre grand péché produira quelque chose en vous. Jésus dit : « Ceux à qui on a beaucoup pardonné aiment beaucoup. »

La seule raison pour laquelle nous avons du mal à pardonner, c'est parce que nous pensons mériter le pardon. Mais si nous n'oublions jamais que c'est uniquement par sa grâce, uniquement par sa miséricorde – que nous méritions l'enfer, mais qu'il a été miséricordieux – cela suscitera miséricorde, amour et humilité dans nos cœurs. Si quelqu'un fait quelque chose de mal, nous nous souviendrons : « Oui, moi aussi. » Si quelqu'un agit en dehors de son identité créée et que cela nous fait mal, le manque de pardon ne nous traversera même pas l'esprit, car nous nous souviendrons : « Moi aussi, j'ai vécu la même chose. »

N'oubliez jamais la miséricorde de Dieu envers vous et sa miséricorde. Si vous êtes en paix avec Dieu, si vous avez quelque chose de bon dans la vie, c'est uniquement grâce à sa miséricorde et à sa grâce. Cela vous rendra humble.

Voilà pourquoi nous ne pouvons mériter le salut, être en règle avec Dieu ou la vie éternelle. Si nous le pouvions, nous en serions fiers. Et l'orgueil n'est pas la nature ni le caractère de Dieu ; c'est tout le contraire. Si nous pensons pouvoir obtenir tout cela parce que nous sommes bons, nous passons à côté. Non, j'étais un misérable, et Il était bon. Il m'a fait miséricorde. Alors, humiliez-vous. Ayez une juste opinion de vous-même.

C.S. Lewis a dit : « L'humilité ne consiste pas à se sous-estimer ; c'est à se sous-estimer. » Alors, ne pensez pas : « Je ne suis qu'un misérable pécheur. » Non, non, non. *Je l'étais, mais je ne le suis plus.* Je ne suis plus comme ça. J'étais, mais je ne le suis plus, et c'est uniquement grâce à Sa grâce. C'est ainsi que nous devons le voir. Si vous n'oubliez jamais combien Il a payé pour vous pardonner, vous vous souviendrez que d'autres ont aussi besoin de pardon. Vous avez à cœur de le donner, car vous avez tant reçu.

J'ai du mal à m'identifier aux gens qui disent : « Je ne peux tout simplement pas leur pardonner. » Je me dis : « Ce qui t'est arrivé m'est probablement arrivé aussi. » Nous devons voir à travers le prisme du Christ. Vous savez, quand on parle de voir le monde à travers des lunettes roses ? J'appelle mes lunettes « lunettes cramoisies ». Une fois que vous portez des lunettes cramoisies, qui représentent le sang de Jésus, vous voyez les autres à travers le sang de Jésus. Jésus ne vous voit pas à travers votre péché ; Il vous voit à travers le sang. Le Père ne vous voit pas à travers votre péché ; Il vous voit à travers le sang. Je ne peux pas me permettre d'avoir une pensée à votre sujet que Dieu n'a pas à votre sujet. La seule façon d'y parvenir est de voir les autres à travers le sang de Jésus.

Cela nous amène au troisième point, l'honneur. Quand nous observons les gens, nous devons commencer à les valoriser, car l'honneur est lié à la valeur. Or, nous ne voulons pas valoriser certaines personnes pour leurs actions. Or, les gens ne sont plus valorisés par leurs actions, mais par le sang de Jésus. Cela va tout changer.

Imaginons que quelqu'un me fasse quelque chose. Mais je ne le considère pas à travers ses actes. Pourquoi ? À l'image de qui a-t-il été créé, et par le sang de qui a-t-il été racheté ? Dieu pense qu'il vaut son propre sang, sa propre vie. Le prix le plus élevé jamais payé sur cette terre fut le sang de Jésus, et il l'a versé pour le racheter. Voilà donc sa valeur. Ce ne sont pas ses actes qui définissent sa valeur, mais le sang de Jésus. Je comprends qu'il ne soit pas à la hauteur de sa valeur, et l'amour élève toujours les gens à sa juste valeur.

donc pas les éviter ; je vais aller vers eux avec compassion pour les aider à vivre selon leurs valeurs. Je ne vais pas me laisser frustrer et penser : « Oh, cette personne ! » Non, ils vivent simplement en deçà de ce que Dieu attend d'eux, et ils ont besoin d'aide.

C'est le triple fil d'amour, d'humilité et d'honneur que Jésus a enseigné et modelé. Permettez-moi de partager un point fort sur l'honneur. Nous comprenons le principe de semer et de récolter : Dieu dit : « Ce que vous semez, vous le moissonnerez aussi. » (Galates 6:7) Personne ne sème sans intention de récolter. C'est une folie ; c'est une mauvaise gestion. On sème dans le but de récolter ce que l'on sème. Mais il y a quelque chose de plus grand que cela : l'héritage, où l'on récolte ce que l'on n'a pas semé. Et l'héritage s'obtient par l'honneur.

Ce que vous semez est honneur, et ce que vous récoltez est ce qui leur reste de la vie. Dans les Écritures, le seul moyen de recevoir un héritage est par l'honneur. Le Seigneur dit :

« Honore ton père et ta mère, afin que tes jours se prolongent dans le pays que l'Éternel, ton Dieu, te donne. » Exode 20:12

Honorez le Père et le Fils, et vous recevrez la vie éternelle. C'est un héritage. Nous sommes cohéritiers du Christ. L'accès au Royaume passe par l'honneur. Vous voyez Jésus tel qu'il est, vous l'honorez, et vous recevez un héritage. Comme l'a dit Jésus :

« Celui qui reçoit un prophète en qualité de prophète recevra une récompense de prophète ; et celui qui reçoit un juste en qualité de juste recevra une récompense de juste. » Matthieu 10:41

Jésus vient en tant que prophète, Parole de Dieu. Nous l'honorons et recevons un héritage. Savez-vous ce que signifie cohéritiers ? Son héritage est votre héritage, mais vous ne l'avez pas obtenu par votre travail ; vous l'avez obtenu par son travail. Vous avez hérité de ce qu'il a mérité, c'est-à-dire la vie éternelle. Ainsi, le seul moyen d'entrer dans le Royaume était par l'honneur. Vous avez reconnu la valeur de Jésus, qui il était vraiment – le Fils de Dieu – et vous avez cru. Vous l'avez honoré comme tel et vous avez récolté son œuvre. Vous avez hérité de la vie éternelle.

Laissez-moi vous dire quelque chose : vous avez tout de quelque chose, mais pas tout de tout. Et c'est pourquoi vous avez besoin d'honneur. Vous avez tout l'amour du Père, mais vous avez besoin d'autres choses dans cette vie. Il ne vous donne pas tout. Il vous donne tout son amour. Il nous donne à tous certaines choses. Dans Éphésiens 4, il dit : une seule foi, un seul baptême, un seul Seigneur, un seul Esprit, etc. Puis il dit : selon la grâce qu'il vous a donnée. Donc, tous ne sont pas pareils. Il dit : « Vous êtes tous un », mais vous n'êtes pas tous pareils, car il a donné des grâces différentes : apôtres, prophètes, évangélistes, pasteurs et enseignants.

donc tout (l'amour), mais pas tout. Le seul moyen d'y parvenir est l'honneur, et le seul moyen d'honorer est de vous considérer vous-même et les autres avec respect. Cela passe par l'humilité. La seule façon de vivre pleinement cet amour est de savoir qui vous êtes et de vous humilier, car vous ferez des erreurs. Vous vous écarterez parfois du chemin de l'Esprit, car vous apprenez à marcher selon lui. Vous êtes un enfant de Dieu, et les enfants doivent grandir et mûrir. Vous apprenez, et c'est un processus. Dieu vous donne la grâce de revenir et d'essayer à nouveau.

Mais si vous vous cachez, vous ne vous humilierez pas, car vous avez peur du qu'en-dira-t-on. Alors, vous cachez vos erreurs et vos actes au lieu de les exposer, comme le dit l'Écriture. Vous êtes un enfant de Dieu ; vous n'avez plus besoin de vous cacher. La seule façon de les exposer est l'humilité. C'est ce que nous disons à notre École du Ministère : l'humilité est la première chose à faire pour avancer vers la liberté. Humiliez-vous. Deuxièmement, l'honnêteté. Exposez les œuvres des ténèbres dans votre propre vie. Exposez-les. Il dit que nous sommes des enfants de lumière, alors marchez dans la lumière. Ceux qui prétendent n'avoir jamais péché sont des menteurs, dit l'Écriture.

L'amour est la clé de l'accomplissement du premier et du deuxième commandement, mais deux autres qualités sont nécessaires : l'humilité et l'honneur. N'oubliez jamais le prix payé, vos transgressions, vos iniquités et vos péchés, et la manière dont Dieu vous a traité au milieu d' eux. Traitez les autres de la même manière : nous sommes censés être comme notre Père .

Laissez-moi vous dire à quoi ressemble votre Père céleste : les Écritures disent qu'il était l'époux et qu'Israël était l'épouse. Il a envoyé un prophète (Osée) à sa place et lui a dit : « Épouse cette femme, Gomer. Elle est comme Israël. » Lorsqu'il l'a épousée, elle est partie et a couché avec d'autres. Dieu a dit au prophète : « Va la ramener, même si elle t'a quitté. » Cela se reproduit. À la fin, lorsqu'elle n'a plus de valeur – plus personne ne veut l'acheter comme prostituée ; on veut l'acheter comme servante, peut-être pour balayer et nettoyer – sa valeur de prostituée a disparu. Elle a été épuisée. Maintenant, elle ne vaut plus que comme servante, et Dieu dit : « Va la chercher. »

Voilà à quoi ressemble votre Père quand vous vous sentez comme Gomer, quand vous avez l'impression d'être parti, ou peut-être quand vous avez l'impression d'être marié à Gomer – quelqu'un qui a fait de la pornographie ou pire. Nous sommes censés être comme notre Père . Que fait et dit votre Père ? « Va la chercher. » Pensez à l'histoire du Bon Samaritain dans le contexte de votre ennemi. Celui qui était dans le fossé et celui qui vient en aide à celui qui a été maltraité. J'ai été maltraité à maintes reprises, mais la barre que Dieu a fixée pour moi était : « Tom, tu étais autrefois celui qui était dans le fossé, et je t'ai sorti de là. Ne passe pas à côté, même ton ennemi, celui qui t'a traité ainsi. Sors-le de là. » Voilà à quoi ressemble Dieu. Voilà à quoi ressemblait Jésus. Il a été traité comme un Samaritain, comme un chien, par ceux-là mêmes pour qui il était mort, et il dit : « Pardonne-leur, Père. »

Et le Père ? Peut-être avez-vous des difficultés avec vos enfants. Peut-être avec vos parents. Voyez l'histoire du fils prodigue et l' étreinte du Père . Voilà à quoi ressemble Dieu, et Jésus dit à quoi ressemble la loi. Il y a une nouvelle loi.

« Portez les fardeaux les uns des autres, et vous accomplirez ainsi la loi de Christ. » Galates 6:2

La loi du Christ est amour. Mais nous devons nous souvenir de ce que l'amour a fait pour nous. Nous étions autrefois Gomer.

Nous étions autrefois celle qui était dans le fossé. Nous étions autrefois l'enfant prodigue. Chaque fois que nous étions du mauvais côté, le Père était de l'autre côté, nous faisant du bien à chaque fois. Il dit : « Maintenant, faites de même. » Peut-être avez-vous besoin de passer du temps à vous repentir et à vous détourner de votre péché. Vous avez été celui qui était sur le billot. Vous avez été celui qui était dans le fossé. Vous avez été celui qui est parti, et le Père dit : « Je te reçois. » Acceptez sa main de miséricorde pour vous en sortir.

Si vous avez des gens dans votre vie à qui vous ne voulez pas parler, il vous dit : « Tendez la main. » Il ajoute : « Si vous êtes à l'autel, en train d'apporter une offrande, et que vous vous souvenez que vous n'avez pas de lien avec quelqu'un, et que vous choisissez de l'accepter, laissez votre offrande. Allez vous réconcilier, puis venez apporter votre offrande. » Je me suis repenti auprès de personnes dont d'autres penseraient qu'elles devraient se repentir auprès de moi, car j'ai un rôle à jouer. Je ne vais pas considérer leur rôle, je vais considérer le mien.

Ce n'est pas facile. Nous aurons besoin de la grâce de Dieu. Ne vous dites pas enfant de Dieu et ne vivez pas comme tel. Il dit :

> « *Mais si vous ne pardonnez pas aux hommes, votre Père ne vous pardonnera pas non plus vos offenses.* » *Matthieu 6:15*

L'unité naît lorsque l'autre se repent, mais le pardon est déjà dans notre cœur, prêt à être utilisé. Je ne dis pas que si quelqu'un fait quelque chose de mal, il faut s'y engager s'il ne se repent pas. Le Père a déjà le pardon dans son cœur pour ses enfants, mais il tend aussi la main. Nous devons donc avoir le pardon dans notre cœur et tendre la main. Ils doivent se repentir en retour.

C'est facile à dire, difficile à faire, mais Sa grâce suffit. Nous devons apprendre à fixer des limites selon le Royaume afin d'apporter la réponse du Royaume, qui est la réconciliation. Il veut que vous soyez un ambassadeur de Son Royaume, un ministre de la réconciliation. Demandons la grâce à Dieu. Vous avez besoin de grâce ; j'ai besoin de grâce pour être quelqu'un qui pardonne soixante-dix fois sept fois. Pour être quelqu'un qui court vers la lumière, même si nous avons peur. Que va-t-il se passer ? Que diront les gens ? Ne vous inquiétez pas pour cela, il s'agit du Père . Ne vous inquiétez pas pour les gens ; vous avez faim et soif de justice. Ne vous inquiétez pas de la réaction des gens à ce que vous avez fait dans les ténèbres. Le Père vous ouvre grand les bras. Vous avez besoin de grâce.

Priez avec moi : *Père céleste, je te demande de m'accorder une abondance de grâce. J'ai besoin de ta grâce. J'en ai besoin pour pardonner, pour aimer, pour marcher et rester humble, pour être une personne honorable et vivre honorablement. Tisse le triple cordon de l'amour, de l'humilité et de l'honneur dans ma vie et mon caractère. Sois bienveillant envers moi et fais briller ta face sur moi. Guide-moi par ton esprit et emplis-moi de ta paix. Puisses-tu nous bénir et nous garder, Seigneur. Au nom de Jésus, amen.*

Questions de discussion

1. Comment le fait de passer de l'Évangile du salut à l'Évangile du Royaume modifie-t-il votre compréhension de votre rôle et de votre raison d'être en tant que croyant ? Comment l'acceptation de l'Évangile du Royaume vous permet-elle de vivre une vie chrétienne plus active et plus efficace ?

2. Que signifie pour vous le fait que Jésus nous déclare justes en premier, et comment cela influence-t-il votre approche de la justice ? Comment le fait de reconnaître l'impératif avant l'indicatif peut-il vous aider à compter davantage sur la grâce de Dieu plutôt que sur vos propres efforts ?

3. Quelles mesures concrètes pouvez-vous prendre pour faire preuve d'amour, d'humilité et d'honneur dans vos relations afin de favoriser l'unité et la connexion ? Y a-t-il des domaines ou des relations spécifiques dans votre vie où pratiquer le pardon ou valoriser les autres comme Dieu le fait est difficile ? Comment les principes abordés dans ce chapitre pourraient-ils vous aider à relever ces défis ?

6

LE TRÔNE DU ROYAUME

J e crois sincèrement que nos vies ressembleraient au Nouveau Testament si nous comprenions que nous vivons dans un royaume et que nous avons un Roi. Nous avons connu un Royaume des Ténèbres qui règne et nous gouverne. On dit : « Si Dieu est bon, comment se fait-il que des malheurs surviennent et que des gens meurent ? » Je dis que le Royaume des Ténèbres est à la fois le comment et le pourquoi. Les Ténèbres sont réelles, et c'est un véritable Royaume.

Dieu a créé une terre magnifique et a dit qu'elle était belle. Il a créé l'homme à son image et a apprécié sa communion avec lui. Il a vu que l'homme était seul et a dit que ce n'était pas bien. C'est pourquoi il a donné à l'homme une belle épouse et ils ont marché nus ensemble sur la terre. Aucune honte. Juste du plaisir. Je ne sais pas pour vous, mais ça ressemble à une terre magnifique. Je me dirais : « C'est incroyable ! »

Puis Satan est arrivé, ce petit menteur. Il a commencé à mentir et à amener Adam et Ève à voir les choses à sa manière, contrairement à celle de Dieu. Il a commencé à semer le doute : peut-être que Dieu n'était pas aussi bon qu'il le paraissait. Peut-être qu'il leur cachait quelque chose. Peut-être y avait-il plus de bonté que Dieu ne leur donnait pas vraiment. Satan a suggéré que s'ils suivaient sa voie, ils trouveraient le bien que Dieu leur cachait.

Il désigna un arbre que Dieu avait interdit de toucher – l'arbre de la connaissance du bien et du mal – et dit : « Dieu sait que vous lui ressemblerez si vous en mangez. » Ils étaient déjà comme lui ; Dieu les avait créés à sa ressemblance. Mais ils écoutèrent cette voix, et nous nous retrouvons dans le pétrin quand nous écoutons la mauvaise voix. Ils prêtèrent l'oreille à cette mauvaise voix et commencèrent à comprendre que ce que Satan disait était vrai, car ils n'écoutaient pas la voix de la vérité.

Soyez prudents avec qui vous écoutez. Car même ceux qui ont marché avec Dieu – Adam et Ève, qui ont physiquement marché avec Dieu sur terre – pouvaient l'entendre venir, mais ils pouvaient néanmoins être trompés et faire fausse route. Soyez prudents avec qui et ce que vous écoutez. Il y a du levain là-dedans.

Ils ont pris de l'arbre, et cela a provoqué quelque chose : la mort est entrée dans le monde. La Bible dit que la conséquence du péché est la mort. La mort est entrée dans le monde, et cette malédiction s'est abattue sur toute l'humanité. La raison de toute la méchanceté, de toute la souffrance, de toute la douleur et de tout le traumatisme dans nos vies est le royaume de Satan et des ténèbres. Mais Dieu a commencé à murmurer au sujet d'un Roi qui viendrait mettre fin à ce royaume. La création attend un Roi, et ce Roi s'appelle Dieu, Yahweh.

Dieu redeviendrait notre Roi, Roi de ceux qu'il a créés à son image. Ceux qu'il aime et qu'il a déclarés bons. Il a dit : « Je vais rétablir la bonté. Je vais mettre fin à la terreur des ténèbres et je vais ramener ma bonté sur la terre. »

Israël devient le peuple par l'intermédiaire duquel Dieu accomplit cette promesse. Il dit à Abraham : « Je te bénirai, afin que toutes les nations soient bénies par toi. » Il va vers les Israélites en Égypte et les attire. Il leur donne leur propre terre, en disant : « Ce sera si bon ! Je vous ramènerai dans un jardin où coulent le lait et le miel. » Mais, une fois entrés dans le pays, ils recommencent. Ils se détournent de Dieu, suivant la voie du serpent – Satan – et commencent à opprimer, à maltraiter et à faire les choses à leur manière. Dieu n'était pas encore vraiment leur Roi.

Ils dirent : « Donne-nous un roi qui règnera sur nous. » Dieu pensa : « Je pensais être ton roi. » Samuel se sentit rejeté, mais Dieu dit : « Ils ne te rejettent pas, Samuel. Ils me rejettent encore une fois. » Alors, Dieu les abandonna à leurs désirs, les laissant faire à leur guise.

L'homme n'avait pas encore compris qu'il n'était pas doué pour régner. Dieu dit : « Je te livrerai à ton propre règne. » Le résultat fut le péché, la mort et le mal, les ramenant à l'esclavage. Babylone les enleva, tout comme l'Égypte, et les enchaîna. Voilà à quoi ressemble le règne de l'humanité lorsqu'un homme est aux commandes : péché, mort et mal, à cause de cœurs corrompus.

Mais Dieu continuait à murmurer au sujet de Celui qui viendrait, le Roi oint, qui prendrait possession de la terre et y régnerait. Son règne serait un règne de justice, d'amour, de miséricorde et de bonté. Puis Jésus apparaît. Nous lisons la généalogie de ceux qui ont donné naissance à cet homme, qui est maintenant un bébé dans une crèche. Comment un Roi peut-il naître dans une auge ? Quel genre de Roi est-il ? C'est un Roi humble, doux. Il ne viendra pas comme les rois humains qui s'élèvent au-dessus des hommes. Non, il s'élèvera au-dessus de la mort afin de nous élever et de nous ramener à la place qui nous revient auprès de lui.

C'est le Roi qui est venu sur terre pour sauver son peuple de ses péchés, de la mort et de la corruption. La Bible dit, au chapitre 3 de l'épître aux Romains, que tous ont péché et sont privés de la gloire divine. Se pourrait-il que Dieu nous regarde et nous accorde l'intimité qu'il désire ? Comment est-ce possible ?

Dans ce chapitre, je veux vous parler de la croix, de ce que Jésus a fait pour vous, du prix de la communion avec le Christ. Que s'est-il réellement passé sur la croix ?

Approchons-nous donc avec assurance du trône de la grâce, afin d'obtenir miséricorde et de trouver grâce, pour être secourus dans nos besoins. Hébreux 4:16

C'est le désir que nous avons tous dans notre cœur. Nous voulons nous approcher du trône de Dieu. C'est un trône de grâce, le trône de notre Dieu. Il a dit : « Approchons-nous donc avec assurance du trône de grâce. » Cela rejoint la question : « Si Dieu ne peut regarder le péché, comment pourrais-je m'approcher du trône de grâce et implorer sa miséricorde ? »

Celui qui n'a point connu le péché, il l'a fait devenir péché pour nous, afin que nous devenions en lui justice de Dieu. 2 Corinthiens 5:21

En lisant Lévitique 16, les choses commencent à prendre sens. Un prêtre prenait un agneau et imposait le péché d'Israël sur lui. Il imposait ses mains et imputait l'iniquité, la transgression et le péché de la nation à cet animal, puis il l'égorgeait. Le prêtre trempait sa main dans le sang et en aspergeait sept fois le propitiatoire au sommet de l'arche de l'alliance, qui était le trône de Dieu. Il l'aspergeait sept fois pour expier le péché imputé à l'animal.

Parce que le péché mène à la mort, il faut que quelqu'un meure. Ils ont placé le péché sur cet agneau et lui ont ôté la vie, et la pureté de l'agneau leur a été transmise. Il y a un échange : le péché est placé sur l'un pour que la justice soit placée sur l'autre. Le péché a été placé sur Jésus. Lui qui n'a pas connu le péché a été placé sur lui afin que nous devenions la justice de Dieu. Oh là là ! Jésus est Roi ! Quel genre de Roi ? Un Roi serviteur, prêt à mourir pour son peuple.

Tu es digne de prendre le livre, et d'en ouvrir les sceaux ; car tu as été immolé, et tu as racheté pour Dieu par ton sang des hommes de toute tribu, de toute langue, de tout peuple et de toute nation ; tu as fait d'eux un royaume et des sacrificateurs pour notre Dieu, et ils régneront sur la terre. Apocalypse 5:9-10

Voyez-vous ce qui s'est passé ? Nous régnions autrefois avec Dieu. Nous avons donné notre règne à Satan, et Satan a régné. Voulez-vous savoir à quoi ressemble le règne de Satan ? Les choses les plus sombres et les pires que l'on puisse voir sur terre – celles que l'on voudrait voir disparaître. Voilà à quoi ressemble son règne. Tout le bien descend du ciel – de Dieu – et tout ce qui est sombre et mauvais vient de Satan.

Il y a sur cette terre une méchanceté inimaginable. Par exemple, dans l'Allemagne nazie, on prenait des bébés et on les jetait par les fenêtres d'immeubles de deux ou trois étages. On les prenait et on les jetait par les fenêtres, et les gens regardaient leurs enfants mourir par terre. C'est la méchanceté de Satan qui possède les gens. La méchanceté de Satan est inconcevable. Voilà à quoi ressemble son royaume : il est si sombre et terrible qu'on ne peut l'imaginer. C'est si terrible que je ne voudrais pas être ici si le royaume des ténèbres ne prenait pas fin.

C'était le royaume qui allait me posséder pour toujours, jusqu'à la venue de Jésus. Jusqu'à la venue de Jésus, tel serait le règne de la terre. À moins que Dieu ne vienne reprendre la terre, et il devrait mourir pour cela. Quelqu'un devait payer pour le péché.

Les sacrifices d'animaux ne plaisaient pas à Dieu. Qu'un sacrifice doive avoir lieu chaque année – sacrifice après sacrifice, mort après mort – n'était pas ce qu'il voulait. Il voulait la vie. Pourquoi ? Parce que Dieu ne veut pas la mort encore et encore – Il veut la vie.

> *« Notre grand Dieu et Sauveur Jésus-Christ, qui s'est donné lui-même pour nous, afin de nous racheter de toute iniquité, et de se faire un peuple qui lui appartienne, purifié par lui et zélé pour les bonnes œuvres. » Tite 2:13-14*

Il nous a rachetés, non pour être zélés pour le royaume des ténèbres, mais pour être zélés pour le bien. Il nous a rachetés de toute iniquité et nous a purifiés pour former son peuple, un peuple qui aime le bien.

> *« Que le disent les rachetés de l'Éternel, ceux qu'il a délivrés de la main de l'ennemi. » Psaume 107:2*

Nous devons le déclarer : j'étais autrefois entre les mains de l'ennemi, mais quelqu'un a frappé sa main et a dit : « Pas aujourd'hui, Satan ! » Et alors ce Quelqu'un a eu ses propres mains frappées pour nous libérer de la main de l'ennemi. Il m'a libéré de la main de l'ennemi. Je suis le racheté du Seigneur ! Nous sommes les rachetés du Seigneur !

> *Ainsi parle l'Éternel, qui t'a créé, ô Jacob, et qui t'a formé, ô Israël : Ne crains rien, car je t'ai racheté ; je t'ai appelé par ton nom ; tu es à moi. Ésaïe 43:1*

Satan, tu n'as pas droit à celui-là. « Tu es à moi », dit le Seigneur. Il t'a racheté.

> *« Je te délivrerai de la main des méchants, et je te rachèterai de la main des tyrans. » Jérémie 15:21*

*Je les rachèterai du séjour des morts, je les rachèterai de la mort.
Mort, je serai ta plaie ! Tombeau, je serai ta destruction ! La
miséricorde est cachée à mes yeux. Osée 13:14*

Il dit : « Je vais te racheter de la mort, et la Mort, je serai ta
perte. » Oh, quel Roi ! La Mort a régné sur nous jusqu'à ce qu'un
nouveau Roi vienne régner. La Mort a essayé de régner sur Lui,
mais elle n'était pas assez puissante. Oh, quel Roi !

*« Ne savez-vous pas qu'en vous livrant à quelqu'un comme esclaves
pour lui obéir, vous êtes esclaves de celui à qui vous obéissez, soit du
péché qui conduit à la mort, soit de l'obéissance qui conduit à la
justice ? » Romains 6:16*

Celui que vous choisirez de servir sera votre maître. Savez-vous
que Dieu a dit à Moïse d'aller dire à Pharaon : « Laisse partir mon
peuple, afin qu'il me serve. » Laisse partir mon peuple, afin qu'il
me serve. Vous avez le choix maintenant. Quel royaume voulez-
vous servir : le péché qui mène à la mort ou la justice qui mène à la
vie ?

Nous avons le choix maintenant. Il y a deux royaumes, et un
choix s'impose. Soit vous êtes racheté du péché et choisissez de
servir la justice, soit vous persistez dans le péché et vous mentez à
vous-même, pensant appartenir à un royaume juste alors que
votre vie ne porte aucun fruit ni aucune preuve de ce royaume.
Soit vous vous repentez de vos péchés. C'est la voie du Royaume :
une vie de repentance. C'est dire : « Non, la mort et le péché ne
m'appartiennent pas. La sainteté et la justice m'appartiennent. Je
sers un Roi saint. »

*C'est pourquoi, entrant dans le monde, il dit : Tu n'as voulu ni
sacrifice ni offrande, mais tu m'as formé un corps. Tu n'as agréé ni
holocaustes ni sacrifices pour le péché. Alors j'ai dit : Voici, je viens –*

il est question de moi dans le rouleau du livre – pour faire, ô Dieu,
ta volonté. Hébreux 10:5-7

C'est Jésus qui parle. Le sacrifice de taureaux et de boucs n'a pas plu à Dieu, mais il lui a donné quelque chose qui lui plairait : son propre corps, Jésus-Christ lui-même devenant le sacrifice.

Après avoir dit auparavant : "Tu n'as voulu ni sacrifice ni offrande, ni holocauste, ni sacrifice pour le péché, tu n'y as pris plaisir" (ce qu'on offre selon la Loi), il dit ensuite : "Voici, je viens pour faire, ô Dieu, ta volonté." Il abolit la première volonté pour établir la seconde. Or, c'est en vertu de cette volonté que nous sommes sanctifiés, par l'offrande du corps de Jésus-Christ, une fois pour toutes."
Hébreux 10:8-9

Quand Il dit « faire ta volonté », Il parle de la volonté d'offrir Son corps.

Et tout sacrificateur se tient debout chaque jour, faisant son service, et offrant sans cesse les mêmes sacrifices, qui ne peuvent jamais ôter les péchés. Mais lui, après avoir offert un seul sacrifice pour les péchés, s'est assis pour toujours à la droite de Dieu, attendant désormais que ses ennemis soient mis pour marchepied. Car, par une seule offrande, il a amené à la perfection pour toujours ceux qui sont sanctifiés. Le Saint-Esprit nous en rend témoignage, car après avoir dit auparavant : "Voici l'alliance que je ferai avec eux, après ces jours-là, dit le Seigneur : Je mettrai mes lois dans leur cœur, et je les écrirai dans leur esprit", il ajoute : "Je ne me souviendrai plus de leurs péchés ni de leurs iniquités." Or, là où il y a rémission des péchés, il n'y a plus d'offrande pour le péché. C'est pourquoi, frères, puisque, au moyen du sang de Jésus, nous avons une libre entrée dans le sanctuaire par la route nouvelle et vivante qu'il a inaugurée pour nous au travers du voile, c'est-à-dire de sa chair, et puisque nous avons un souverain sacrificateur établi sur la maison de Dieu, approchons-nous avec un cœur sincère, dans la plénitude de la foi, les cœurs purifiés d'une mauvaise conscience et le corps lavé d'une eau pure. Demeurons inébranlables dans la profession de notre espérance, car celui qui a fait la promesse est fidèle. Hébreux 10:11-23

Voici ce qui se passe : Jésus a ouvert la voie à son sang pour laver nos péchés. Le corps de Jésus est le temple – c'est le temple. Jésus a dit : « Démolissez ce temple, et en trois jours je le relèverai » (Jean 2:19). Il dit que nous pouvons traverser le voile, qui est sa chair, lavée par son sang, et entrer dans le lieu saint.

Si Dieu est saint, nous ne pouvons pas entrer dans ce lieu. Nos mains sont impures, mais les siennes ont été transpercées et son sang est sorti pour que les nôtres soient purifiées. Savez-vous que Jésus a versé son sang en sept endroits, sept fois ? Combien de fois le prêtre doit-il prendre le sang et l'asperger ? Sept fois. Jésus a versé son sang sept fois pour l'expiation, sur tout Jérusalem.

Son corps est le temple, il est le prêtre et il est l'agneau. Sa chair est le voile. Son corps a été déchiré pour que le voile puisse l'être, nous permettant d'y entrer. Son sang a été versé pour expier vos péchés afin que vous puissiez entrer avec lui. Il est le prêtre qui offre le sacrifice, il est l'agneau qui est le sacrifice, il est le voile qui se déchire et il est le propitiatoire sur lequel le sang est versé.

Il a accompli ce qui devait l'être en lui-même pour que vous deveniez son prix. Quel genre de Roi est-ce ? Un Roi dont le trône est une croix et la couronne d'épines. Pourquoi ? Parce que la malédiction sur l'homme était qu'il travaillerait à la sueur de son front – et Jésus a sué son sang pour expier et briser cette malédiction. La terre produirait des épines, et il les prendrait comme une couronne pour briser cette malédiction sur nous aussi.

Quel Roi est-ce ! Un Roi qui prendrait une couronne d'épines pour nous la donner. Vous savez qu'Il va vous la donner ? Quel genre de Roi est-ce ? Un Roi différent des dirigeants de ce monde qui dominent les hommes. Non, Il est devenu un serviteur. Il nous montre à quoi ressemble ce royaume : un royaume de service. Il nous a libérés de l'esclavage d'Égypte pour que nous puissions Le servir. Il nous a libérés de la terreur des ténèbres, de la main des méchants et de la mort elle-même afin que nous puissions servir et régner sur cette terre avec bonté, et non avec méchanceté, et non avec mal.

Il est mort. Il a pris le mal sur lui pour nous donner la vie, la joie et la paix dans le Saint-Esprit. C'est notre Dieu, celui qui a fait de son trône une croix, de sa couronne une couronne d'épines et qui a pris sur lui nos moqueries. C'est par le sang de Jésus que nous sommes sanctifiés, et c'est par sa chair que nous sommes guéris. Par sa chair, nous pouvons pénétrer dans le voile, dans le lieu saint, et permettre à son sang de nous purifier.

Questions de discussion

1 . Comment le fait de reconnaître Jésus comme Roi et Rédempteur influence-t-il votre compréhension de son sacrifice sur la croix ? De quelle manière cette compréhension influence-t-elle votre relation personnelle avec lui et votre vie quotidienne ?

2 . Dans quels domaines de votre vie ou du monde percevez-vous l'influence du Royaume des Ténèbres ? Comment la victoire de Jésus sur les ténèbres peut-elle vous aider à aborder ces domaines ?

3 . Ce chapitre évoque le choix entre servir le péché conduisant à la mort ou obéir et obtenir la justice. Quelles mesures concrètes pouvez-vous prendre pour choisir systématiquement de servir le Royaume de Dieu ? Comment pouvez-vous incarner le « zèle pour les bonnes œuvres » dans votre communauté et vos sphères d'influence ?

7

LA VIE DU ROYAUME

Le premier jour de la semaine, de grand matin, elles se rendirent au sépulcre, accompagnées de quelques autres femmes, portant les aromates qu'elles avaient préparés. Mais elles trouvèrent la pierre roulée du sépulcre. Elles entrèrent donc, mais ne trouvèrent pas le corps du Seigneur Jésus. Comme elles étaient fort perplexes à ce sujet, voici que deux hommes en vêtements resplendissants leur apparurent. Alors, comme elles étaient effrayées et baissaient le visage contre terre, ils leur dirent : « Pourquoi cherchez-vous parmi les morts celui qui est vivant ? Il n'est point ici, mais il est ressuscité. Souvenez-vous de ce qu'il vous a dit, lorsqu'il était encore en Galilée : Il faut que le Fils de l'homme soit livré aux mains des pécheurs, qu'il soit crucifié, et qu'il ressuscite le troisième jour. » Luc 24:1-7

Ils cherchaient les morts. La question était : pourquoi chercher les vivants parmi les morts ? Mais ils cherchaient les morts parmi les morts – ils ne comprenaient pas. Ils n'ont pas compris qui était Jésus, et je pense que certains d'entre nous n'ont pas compris qui est vraiment Jésus. Beaucoup disent : « Je suis croyant, je crois en Jésus », mais peut-être passent-ils à côté de qui est vraiment Jésus.

Les disciples ont passé trois ans à marcher avec Jésus, à manger avec lui, à le regarder accomplir des choses impensables, et pourtant ils se trouvent au tombeau, à la recherche du vivant parmi les morts. Ils l'ont manqué. Je ne veux pas le manquer, et je ne veux pas que vous le manquiez. Je veux que nous voyions qui est vraiment Jésus aujourd'hui.

Au commencement, Dieu créa un monde bon. Il dit qu'il était bon, et il ne ment pas – il ne sait pas mentir. Il est la vérité et la vérité. Il dit qu'il était bon, et dans ce monde bon, après avoir créé la terre, les mers, les cieux, les oiseaux qui volent et les créatures qui rampent, il façonna une création différente, quelque chose qui lui procurerait un plaisir différent du reste de la création. De la poussière du sol, il créa l'homme. Il le forma à son image et souffla dans ses narines le souffle de vie. Dieu communia avec l'homme. Mais l'homme se sépara de Dieu. Dans sa rébellion, il pécha. La Bible dit que le salaire du péché, c'est la mort, et que tous les hommes ont péché, donc tous meurent. Dieu décida d'élaborer son propre plan pour racheter l'humanité, pour nous ramener à une relation avec lui. Il dit qu'une semence viendrait écraser la tête de celui qui les a trompés pour les pousser à se rebeller dans le péché et finalement causer la mort. L'espoir pour l'humanité renaît que quelqu'un viendra les délivrer de leur ennemi. Dieu a fait une alliance avec Abraham, en disant : « Abraham, je te bénirai, et toutes les nations seront bénies en toi. »

Puis vient David. David est oint roi sur la descendance d'Abraham. Il est issu de la lignée de Juda. Dieu dit à David : « Quand tu te reposeras avec tes ancêtres, je ferai venir l'Unique, et il siégera sur ton trône pour toujours. Son royaume ne finira jamais. Je l'appellerai "Mon Fils". » L'espoir commence à naître en Israël pour un libérateur, un Sauveur, un Roi qui siégerait sur le trône de David. À l'ouverture du Nouveau Testament, se pourrait -il que le Roi soit venu, le Sauveur, l'Oint qui régnerait pour toujours et nous délivrerait de notre ennemi ?

Jésus commença à dire : « Avant Abraham, je suis. » Dieu était-il venu dans cet homme pour nous délivrer de notre ennemi et régner éternellement dans un royaume ? Il annonça : « Le Royaume de Dieu est proche. » Il guérit les malades et délivra les captifs, comme il l'avait annoncé 600 ans auparavant par le prophète Isaïe. Il attira des foules dont l'espoir grandissait sans cesse. Le Sauveur est là. Nous le connaissons. Son nom est Jésus, et ils le suivirent.

Jésus dit : « Qui disent-ils que je suis ? » Pierre répondit : « Oh, certains le disent, mais nous savons que tu es le Fils de Dieu, le Sauveur du monde. Nous le savons. » Il dit : « Le Père te l'a montré. Personne ne te l'a révélé. C'est Dieu qui te l'a montré. »

Puis, lors d'une nuit confuse, Jésus est trahi par ses propres disciples. Il est cloué sur la croix d'un criminel, accusé de choses qu'il n'a jamais faites. Mais dans le verdict, Pilate déclare : « Il est innocent : je vais le relâcher. » Mais les Israélites – ceux-là mêmes qu'il était venu chercher, les descendants d'Abraham – disent : « Non, crucifiez-le ! Tuez-le. Nous ne voulons pas de lui. Que son sang retombe sur nos mains. » Ils le fouettent, le clouent sur une croix et le crucifient.

Au-dessus de la croix, il était écrit : « Le Roi des Juifs. » Ce Roi n'est pas devenu roi comme les rois du monde le deviennent – par la puissance et la force – mais par le sacrifice. Au lieu d'un trône d'or, il avait un trône de bois. Au lieu de combattre son ennemi avec du fer, il l'a combattu avec du bois – une croix. Il était intronisé sur la croix. Lorsqu'il expira et dit : « Tout est accompli », tous ses disciples furent confus, se disant : « Je pensais que c'était le Roi ? Je pensais que c'était notre Sauveur ? Je pensais qu'il régnerait pour toujours ? » Et tous leurs espoirs furent anéantis.

Alors, quand ces femmes se rendirent au tombeau, elles ne venaient pas dans l'attente d'une résurrection. Non, elles venaient dire adieu à leur ami, à leurs espoirs. Elles venaient honorer, une dernière fois, peut-être un prophète. Parce qu'elles étaient confuses. Elles ne comprenaient pas. Elles avaient manqué qui Il était. « Pourquoi cherchez-vous le Vivant parmi les morts ? Il n'est pas ici. »

Voyez-vous, je tiens à déclarer que Jésus a toujours été parmi les vivants. Avant la résurrection, il était parmi les vivants. Avant Abraham, il était parmi les vivants. Avant de naître dans une crèche, Jésus était parmi les vivants. En fait, nous n'étions pas parmi les vivants. Mais Jésus, le Vivant, est venu nous introduire dans le monde des vivants, pour être parmi les vivants.

> *« L'Éternel Dieu forma l'homme de la poussière de la terre, il souffla dans ses narines un souffle de vie, et l'homme devint un être vivant. » Genèse 2:7*

Dieu nous a créés, vous et moi, pour être des êtres vivants. Lorsque nous nous sommes rebellés contre Dieu et avons pris de l'Arbre, c'était comme si le souffle de vie nous avait été arraché. Nous marchions, mais pas parmi les vivants. Nous étions des morts-vivants. Mais le Vivant avait prévu de nous ramener à la communion avec les vivants. Alors, le Vivant est venu et est né comme un homme. Il a marché parmi les morts. Jean, chapitre 1, dit :

> *Au commencement, le Verbe était déjà. Le Verbe était avec Dieu, et le Verbe était Dieu. Il était au commencement avec Dieu. Dieu a tout créé par lui, et rien n'a été créé sans lui.*
> *La Parole a donné la vie à tout ce qui a été créé, et sa vie a apporté la lumière à tous. La lumière brille dans les ténèbres, et les ténèbres ne peuvent jamais l'éteindre. Dieu a envoyé un homme, Jean-Baptiste, pour annoncer la lumière afin que tous*

croient grâce à son témoignage. Jean lui-même n'était pas la lumière ; il était simplement un témoin pour annoncer la lumière. Celui qui est la vraie lumière, celui qui éclaire tous les hommes, venait dans le monde. Il est venu dans le monde qu'il a créé, mais le monde ne l'a pas reconnu. Il est venu vers les siens, et même eux l'ont rejeté. Mais à tous ceux qui ont cru en lui et l'ont accepté, il a donné le droit de devenir enfants de Dieu. Ils renaissent, non pas d'une naissance physique résultant d'une passion ou d'un projet humain, mais d'une naissance qui vient de Dieu. Ainsi, le Verbe s'est fait homme et a habité parmi nous. Il était plein d'amour et de fidélité. Et nous avons contemplé sa gloire, une gloire comme celle du Fils unique venu du Père. Jean a témoigné de lui en criant à la foule : « C'est celui dont je parlais, quand je disais : "Après moi vient celui qui est bien plus grand que moi, car il était bien avant moi." » De son abondance, nous avons tous reçu grâce après grâce. Car la loi a été donnée par Moïse, mais l'amour indéfectible et la fidélité de Dieu sont venus par Jésus-Christ. Personne n'a jamais vu Dieu. Mais l'unique, qui est Dieu, est près du cœur du Père, et c'est lui qui nous a révélé Dieu. » Jean 1:1-18

Au commencement, Dieu était la vie. Il a tout créé, et tout ce qui avait la vie avait la vie grâce à lui. Nous avons rejeté cette vie, et le résultat fut la mort. Mais cette vie a élaboré un plan pour nous ramener la vie. Nous l'avons manquée. Nous ne l'avons pas vue. Certains l'ont vue et l'ont rejetée. Mais les disciples, eux, ont vu, et ils ont marché avec le Vivant, qui marchait avec la vie parmi les morts. Il y avait Quelqu'un qui marchait avec la vie. Il y a ce témoignage de Jean dans 1 Jean chapitre un :

Ce qui était dès le commencement, ce que nous avons entendu, ce que nous avons vu de nos yeux, ce que nous avons contemplé et que nos mains ont touché, concernant la Parole de vie – la vie a été manifestée, et nous l'avons vue, et nous en rendons témoignage, et nous vous annonçons la vie éternelle, qui était auprès du Père et qui nous a été manifestée. Ce que nous avons vu et entendu, nous vous l'annonçons, afin que vous aussi soyez en communion avec nous. Or, notre communion est avec le Père et avec son Fils Jésus-Christ. Et nous vous écrivons ces choses, afin que votre joie soit parfaite. 1 Jean 1:1-4

Il dit : « Nous témoignons que nous avons vu le Vivant. Il marchait parmi nous. Nous l'avons touché. Nous l'avons touché. Il était la vie. Il venait du Père, mais il nous a manifesté la vie. Nous vous témoignons afin que vous croyiez et que votre joie soit parfaite. »

« Vois, je mets aujourd'hui devant toi la vie et le bien, la mort et le mal. Je te prescris aujourd'hui d'aimer l'Éternel, ton Dieu, de marcher dans ses voies, et d'observer ses commandements, ses lois et ses ordonnances, afin que tu vives et que tu multiplies, et que l'Éternel, ton Dieu, te bénisse dans le pays dont tu vas prendre possession. » Deutéronome 30:15-16

J'en prends aujourd'hui à témoin contre toi le ciel et la terre : j'ai mis devant toi la vie et la mort, la bénédiction et la malédiction. Choisis donc la vie, afin que tu vives, toi et ta postérité, afin que tu aimes l'Éternel, ton Dieu, que tu obéisses à sa voix et que tu t'attaches à lui, car il est ta vie et la prolongation de tes jours, et afin que tu habites le pays que l'Éternel a juré à tes pères, Abraham, Isaac et Jacob, de leur donner. Deutéronome 30:19-20

Il dit : « Je vous présente aujourd'hui la vie et la mort. Choisissez la vie. » Nous découvrons que la vie a un nom. Son nom est Jésus. Il n'y en a qu'un qui vit. Il dit : « Je vous le présente parce que votre Dieu sera la vie pour vous. » Jésus dit dans Jean 11 :

« Je suis la résurrection et la vie. Celui qui croit en moi vivra, même s'il meurt ; et quiconque vit et croit en moi ne mourra jamais. »
Jean 11:25-26

« Je suis le chemin, la vérité et la vie. Nul ne vient au Père que par moi. » Jean 14:6

« Or, la vie éternelle, c'est qu'ils te connaissent, toi, le seul vrai Dieu, et celui que tu as envoyé, Jésus-Christ. » Jean 17:3

C'est la vie que de connaître Dieu qui est la vie.

« Car Dieu a tant aimé le monde qu'il a donné son Fils unique, afin que quiconque croit en lui ne périsse point, mais qu'il ait la vie éternelle. » Jean 3:16

Dieu a tant aimé le monde qu'il a envoyé la vie, afin que quiconque croit en lui reçoive la vie. Il n'a pas envoyé son Fils dans le monde pour juger le monde, mais pour lui donner la vie.

Vous et moi ne sommes pas faits pour mourir. C'est pourquoi, quand quelqu'un décède, on dit parfois qu'il est mort prématurément. Mais savez-vous que même si vous mourez à 130 ans, vous êtes mort prématurément ? Parce que vous n'étiez pas censé mourir. C'est pourquoi les gens diront : « Si Dieu est bon, alors comment se fait-il qu'il y ait eu une pandémie ? Comment se fait-il que ceci et cela ? Si Dieu est bon, alors comment se fait-il qu'il y ait autant de morts ? » On se trompe. Nous avons choisi la mort en rejetant la vie. Alors comment se fait-il qu'il y ait autant de morts ? Parce que tant de gens ont rejeté la vie.

Et même si nous avons choisi la mort, la Vie s'est incarnée et est venue à nous pour que nous ayons la vie et que nous l'ayons en abondance. L'ennemi vient pour voler, tuer et détruire, mais je suis venu pour que vous ayez la vie et que vous l'ayez en abondance. La vie a un nom, et son nom est Jésus. Alors, comment la mort l'a-t-elle recrachée ? Parce que la mort ne peut jamais éteindre la vie. Jamais. Lui qui n'a ni commencement ni fin s'est permis une fin afin que vous sachiez que la vie est plus puissante que la mort. Celui qui ne pouvait avoir de fin s'est permis une fin afin que nous sachions que la vie est plus puissante que la mort. Choisissez la vie.

Au commencement, Dieu forma l'homme de la poussière de la terre et souffla dans ses narines le souffle de vie. Jésus sortit du tombeau et trouva ses disciples dans Jean chapitre 20, verset 22. Il souffla sur eux et dit : « Recevez mon Esprit. » Il leur dit de recevoir la vie à nouveau ! Il les invite, ainsi que vous et moi, à cheminer parmi les vivants avec sa vie. Le même Esprit, le même souffle qui a ressuscité le Christ d'entre les morts, vous donne maintenant une vie nouvelle . Pierre, après avoir rencontré l'homme à la porte appelée la Belle, dit :

« Je n'ai ni argent ni or, mais ce que j'ai, je te le donne : au nom de Jésus-Christ de Nazareth, lève-toi et marche. » Actes 3:6

Et l'homme marchait, car être infirme est lié à la mort, et non à la vie. Mais Pierre avait reçu la vie, et la vie jaillissait en lui, donnant la vie aux autres. Alors, l'homme se leva et marcha, et la foule commença à les regarder. Ils dirent : « Pourquoi nous regardez -vous comme si nous avions fait cela, comme si nous pouvions faire cela pour cet homme ? Non, c'est Jésus qui a fait cela. » Pierre poursuivit :

« Mais vous avez renié le Saint et le Juste, et vous avez demandé la grâce d'un meurtrier, et vous avez fait mourir le Prince de la vie, que Dieu a ressuscité des morts, ce dont nous sommes témoins. » Actes 3:14-15

Dans Actes chapitre 2, Pierre dit :

« Mais Dieu l'a ressuscité, mettant fin aux souffrances de la mort, puisqu'il était impossible qu'elle le retienne. » Actes 2:24

La mort a tenté de s'emparer de la Vie et s'est brûlée. Elle a dû la laisser tomber. Notre Dieu est un feu dévorant. La mort a tenté de s'emparer de la Vie et n'a pas pu garder son emprise sur lui. La mort a dû la laisser tomber. La Bible dit que lorsque vous croyez, la Vie elle-même – Jésus-Christ – vient vivre en vous. Et qu'un jour, la mort tentera de s'emparer de vous, mais elle devra vous abandonner, car la Vie vit en vous, et la mort ne peut vaincre la vie.

> *« Et voici ce témoignage, c'est que Dieu nous a donné la vie éternelle, et que cette vie est dans son Fils. Celui qui a le Fils a la vie ; celui qui n'a pas le Fils de Dieu n'a pas la vie. Je vous ai écrit ces choses, à vous qui croyez au nom du Fils de Dieu, afin que vous sachiez que vous avez la vie éternelle, et que vous continuiez à croire au nom du Fils de Dieu. » 1 Jean 5:11-13*

Les Écritures nous le répètent sans cesse : la vie éternelle se trouve en Jésus-Christ, car il est la vie. Aujourd'hui, je vous propose la vie et la mort. Je vous recommande de choisir la vie. Certains d'entre nous marchent avec Jésus depuis de nombreuses années, et nous célébrons – nous devons célébrer – car nous savions ce qu'était la mort. Nous y marchions chaque jour. Puis, lorsque nous avons rencontré Jésus, quelque chose nous est arrivé. Je le sais, car cela m'est arrivé.

J'avais neuf ans et je faisais du vélo la veille de Pâques. J'ai vu des gens faire une chasse aux œufs. Chez moi, on faisait des chasses aux œufs avec des œufs durs. Mais là, il y avait des œufs avec des bonbons. Je me suis dit : « Quoi ? » Apparemment, mes parents ne le savaient pas ! Assis sur mon vélo, je les ai regardés ramasser ces œufs. Quand ils les ont ouverts, des Starbursts, des Snickers et toutes sortes de choses merveilleuses en sont tombés à la place du jaune d'œuf.

Cette famille m'a regardé depuis mon vélo et m'a demandé : «

Veux-tu venir avec nous ? » J'ai jeté mon vélo par terre, j'ai poussé les enfants et j'ai pris leurs œufs ! Ils m'ont invité à m'asseoir et ont commencé à me parler de cet homme nommé Jésus. Et quelque chose dans mon âme a entendu quelque chose – quelque chose que je savais, mais que je ne comprenais pas complètement – quelque chose qui, je le savais, était pour moi. Et je lui ai dit « Oui ».

Quand on m'a demandé : « Veux-tu recevoir Jésus comme Seigneur et lui donner ta vie ? » J'ai répondu : « Oui. » Et la vie est venue en moi. À neuf ans, quelque chose a changé en moi. J'étais passée de la mort à la vie.

Mais ma famille n'allait pas à l'église. Lentement mais sûrement, j'ai continué à marcher sur le chemin – certains jours sur le chemin de la vie, en disant : « Seigneur, pardonne-moi », et d'autres jours sur le chemin de la mort. À 19 ans, j'étais de nouveau sur le chemin de la mort. J'invoquais Dieu et j'ai été invité à l'église. J'y suis allé, j'ai incliné la tête et j'ai dit : « Jésus ». J'ai simplement murmuré son nom. Et il est venu. Il est apparu et a apporté la vie. Et toutes les ténèbres qui remplissaient mon cœur ont fui vers la lumière.

Alors la joie, l'amour et la paix ont rempli mon cœur. Je n'ai jamais quitté cette vie. À cet instant, je me suis emparé de la vie et j'ai dit : « Tu ne t'en sortiras pas cette fois. » Mais Il a dit : « Non, non, tu ne t'en sortiras pas cette fois. Suis-moi. » Et j'ai commencé à suivre Jésus-Christ, la Personne de la Vie. Depuis, je ressens la vie. Et quand je mourrai, ce ne sera pas la fin de ma vie – juste une virgule dans mon histoire – car je marche parmi les vivants. La mort ne peut me retenir, car la vie vit en moi.

Aujourd'hui, cette même Personne que j'ai rencontrée – Jésus-Christ – désire être présente dans chaque vie, partout dans le monde. La vie nous appelle. Il a donné sa vie pour que nous puissions l'avoir. Il a pris la mort pour nous donner la vie. Je crois que nous désirons tous la vie. Choisis la vie.

Questions de discussion

1. Comment le fait de considérer Jésus comme l'incarnation de la vie change-t-il votre perception de son rôle dans votre foi personnelle ? De quelle manière reconnaître Jésus comme le « Vivant » influence-t-il votre quotidien ?

2. Ce chapitre présente le choix entre la vie et la mort comme thème central. Comment pouvez-vous concrètement choisir la vie dans vos décisions et vos actions ? Avez-vous eu des moments où, comme les disciples, vous avez eu du mal à comprendre ou à reconnaître la présence de Jésus dans votre vie ? Comment avez-vous surmonté cela ?

3. Comment le concept de vie éternelle influence-t-il vos priorités et vos objectifs ? Compte tenu de l'invitation faite à tous de recevoir Jésus, comment pourriez-vous partager ce message de vie avec les autres ?

8

IL EST RESSUSCITÉ

Le premier jour de la semaine, de bon matin, elles se rendirent au sépulcre, portant les aromates qu'elles avaient préparés. Elles trouvèrent la pierre roulée du sépulcre ; mais, étant entrées, elles ne trouvèrent pas le corps du Seigneur Jésus. Tandis qu'elles étaient perplexes à ce sujet, voici, deux hommes apparurent soudain près d'elles, vêtus de vêtements éclatants. Les femmes, effrayées, s'inclinaient le visage contre terre. Ces hommes leur dirent : « Pourquoi cherchez-vous parmi les morts celui qui est vivant ? Il n'est pas ici, mais il est ressuscité. Souvenez-vous de ce qu'il vous a dit, lorsqu'il était encore en Galilée, disant que le Fils de l'homme devait être livré aux mains des pécheurs, être crucifié, et ressusciter le troisième jour. » Et elles se souvinrent de ses paroles ; et, à leur retour du sépulcre, elles annoncèrent toutes ces choses aux onze et à tous les autres. Luc 24:1-9

L a déclaration des anges : « Il n'est pas ici, mais il est ressuscité » est le fondement du christianisme. Sans résurrection, nous n'avons ni foi ni espoir. Un sauveur mort n'est pas un sauveur ; il faut une résurrection. En nous souvenant de la résurrection, nous devons en comprendre la puissance. Ce n'est pas seulement une puissance pour l'avenir ; elle nous apporte une révélation aujourd'hui qui nous pousse à vivre différemment la puissance de la résurrection chaque jour de notre vie. Je prie pour que nous recevions une révélation plus profonde de ce que la puissance de la résurrection signifie pour nous aujourd'hui. La résurrection nous a donné quelque chose qui transforme notre quotidien, et pas seulement notre mort. Chaque jour, nous devons marcher dans la puissance de la résurrection.

Jésus leur répondit : « Il vous a été donné de connaître les mystères du royaume des cieux, mais cela ne leur a pas été donné. »
Matthieu 13:11

Le « à eux » fait référence à ceux qui ne le connaissent pas. Il y a des mystères cachés dans les Écritures. Il y a des mystères dans le Royaume, et je veux que vous connaissiez les mystères de la puissance de la résurrection. Il y a un mystère en elle.

« Le mystère de l'Éternel, caché aux anges et aux hommes pendant des siècles et des générations, a été révélé maintenant à son peuple saint. Dieu a voulu faire connaître aux païens quelle est grande la glorieuse richesse de ce mystère, savoir : Christ en vous, l'espérance de la gloire. » Colossiens 1:26-27

Ce mystère du Christ vivant en vous, du Roi des rois ressuscité vivant en vous, est un mystère. Il y a même des mystères dans ce mystère que je veux que vous connaissiez afin que vous puissiez vivre pleinement ce que Dieu a voulu que vous viviez.

« Béni soit Dieu, le Père de notre Seigneur Jésus-Christ, qui, selon sa grande miséricorde, nous a régénérés, pour une espérance vivante, par la résurrection de Jésus-Christ d'entre les morts. » 1 Pierre 1:3

En grec, le mot « engendré » signifie en réalité naître de nouveau. L'expression « espérance vivante » signifie en réalité « espérance vivante » ; le mot « espérance » est premier et signifie «

attente ». Le mot « vivant » en grec est « zoé », qui signifie vie
abondante. Nous avons donc l'attente d'une vie abondante grâce
à la miséricorde du Père. Nous avons maintenant l'attente d'une
vie abondante grâce à la résurrection. Je veux que vous viviez la vie
abondante, que vous viviez chaque jour avec l'attente que la vie
abondante vous appartient et qu'elle se déverse de vous. Jésus a dit
dans Jean 10:10 : « afin que vous ayez la vie, et la vie en abondance. » C'est le même mot pour « vivre » dans 1 Pierre 1:3 ; c'est
la vie « zoé », la vie divine. C'est la bonne vie ; c'est la vie que
Jésus avait déjà avant la croix. Il avait « zoé », il avait la vie abondante – c'est pourquoi la mort a dû le vomir. Vous avez maintenant cette vie en vous, et vous l'attendez pour l'avenir. Mais je
veux que vous compreniez que si vous ne marchez pas dans la «
zoé » maintenant, vous ne l'aurez pas plus tard. Le mystère de la
vie abondante est censé être une révélation que vous vivez chaque
jour ; il est censé être une manifestation que vous vivez chaque
jour. Si c'est le cas, il dit que vous pouvez être assuré que vous
ressusciterez. Jésus avait déjà la vie abondante, et la mort n'a pas
pu la vaincre. La Bible dit qu'elle vit maintenant en vous ; le même
Esprit qui a ressuscité Christ d'entre les morts vit maintenant en
vous, vous donnant une vie nouvelle . Nous sommes nés de
nouveau par l'Esprit qui a ressuscité Christ d'entre les morts ;
nous avons maintenant l'attente de la « zoé » vivant en nous grâce
à la résurrection de Jésus.

> *« ...par la résurrection de Jésus-Christ d'entre les morts, pour un*
> *héritage qui ne se peut ni corrompre, ni souiller, ni flétrir, lequel*
> *vous est réservé dans les cieux, à vous qui, par la puissance de Dieu,*
> *êtes gardés par la foi pour le salut prêt à être révélé dans les derniers*
> *temps. » 1 Pierre 1:3-5*

Or, quand on lit ces mots en grec, il veut dire que vous ne
pouvez pas la perdre ; elle ne vieillit pas, et elle n'est pas comme le
pain qui moisit . Cette vie n'est pas comme l'argent ou l'or ; elle ne
ternira pas. Cette vie est censée être aussi bonne que le jour où

vous avez cru ; de gloire en gloire, elle devrait abonder pour vous et par vous. C'est un héritage que vous avez reçu grâce à l'œuvre de Jésus. Elle est réservée ; le mot « réservée » signifie protégé. C'est la puissance de Dieu qui vous protège, vous et elle. Il dit qu'elle est gardée et conservée pour vous, et que c'est la foi qui vous y conduit. Nous ne vivons pas par la vue ; nous ne marchons pas par elle ; nous ne vivons pas selon ce que nous voyons autour de nous, mais c'est la foi qui nous guide. Il dit que c'est votre foi qui vous mènera à la plénitude de ce qui sera révélé. Il y a encore plus, de gloire en gloire, jusqu'au jour où nous entrons dans la plénitude. Cette révélation de la résurrection de Jésus est censée faire quelque chose. Le monde n'a pas ce que vous avez ; ils n'ont pas ce qui fait de nous un peuple particulier.

La mort et la résurrection de Jésus signifient plusieurs choses pour nous :

- **Démonstration de l'amour de Dieu** : C'est la démonstration de l'amour de Dieu et de ce qu'il ressent pour vous. Il vous aime ; aucun amour n'a jamais été aussi exprimé que celui exprimé par la mort et la résurrection de Jésus-Christ. Nous devons savoir qu'il n'avait pas besoin de mourir pour nous ; il a choisi de mourir pour nous. La croix est une déclaration éternelle, une affirmation de son amour pour vous.
- **Un échange** : Il fallait quelque chose, et c'est pourquoi il devait venir. C'était un échange du Fils unique contre ceux qui deviendraient fils et filles. Sur la croix, il était le Fils unique de Dieu à ce moment-là, mais maintenant, à cause de cela, des millions de personnes sont devenues engendrées de Dieu, et des millions d'autres entreront dans le Royaume.
- **Expression de la grâce** : La résurrection est une expression de la grâce de Dieu pour ramener l'homme

dans sa position et son état glorieux ; c'était sa grâce de faire cela.

- **Preuve de pouvoir sur la mort** : La résurrection prouve que la mort n'a plus le droit ni le pouvoir de régner sur l'humanité, sur votre vie. La mort a régné sur l'humanité. Mais maintenant, grâce à la mort et à la résurrection du Christ, nous avons la preuve que la mort n'a plus le droit de régner sur votre vie. Nous devons comprendre cela pour comprendre le mystère de la résurrection de Jésus-Christ. La résurrection est un triomphe sur la mort, mais nous devons comprendre la mort et son pouvoir pour comprendre la puissance plus grande de la résurrection.

Le pouvoir de la mort

1. **La mort est la plus grande peur de l'humanité** : c'est la chose à laquelle tous les hommes doivent faire face. C'est la peur de tous ; pour ceux qui sont hors du Christ, c'est la période de la fin de vie qui attend chacun.
2. **Chaque religion s'efforce de répondre à la question de la mort.**
3. **La mort est le seul pouvoir qui a du contrôle sur chaque être humain :** l'anxiété a du pouvoir sur certains, la dépression a du pouvoir sur certains, mais la mort a eu du pouvoir sur tous .
4. **Personne ne peut résister à la mort :** même Jésus a dû la traverser.
5. **Personne ne peut l'éviter** : Voici la puissance de la mort avant la résurrection : elle régnait sur tous . La mort est une brute imposante, démontrant son autorité, sa puissance et son règne sur chaque être humain jusqu'à Jésus. « *Or, comme il est réservé aux*

hommes de mourir une seule fois, après quoi vient le jugement. » Hébreux 9:27 (LSG)

6. **La mort est un égalisateur :** Vous pourriez être la reine d'Angleterre, mais vous serez enterrée. Vous pourriez être le mendiant dans la rue ; vous pourriez être au palais, mais à un moment donné, nous trouverons tous les deux la même chose. La mort est un égalisateur.

Dans la parabole de l'homme riche et de Lazare (voir Luc 16:19-31), Lazare était un mendiant, et le riche ne l'aidait pas. La parabole poursuit en disant que le riche se retrouve mort, tout comme le pauvre. Mais lorsque le riche regarde, il voit que l'homme qui était autrefois mendiant est désormais libre. Il est libéré de sa pauvreté ; il est maintenant avec Abraham, et tous ses besoins sont satisfaits. Le riche n'a plus que tourments, et il désire ardemment que le pauvre mendiant trempe son doigt dans l'eau et le mette sur sa langue. La mort est un égalisateur.

Je souhaite que nous comprenions la résurrection et sa puissance, mais pour cela, nous devons nous poser la question : pourquoi la mort existe-t-elle ? D'où vient-elle ? Qui l'a créée ? La mort a toujours existé ; même au commencement, elle était toujours là.

« L'Éternel Dieu donna cet ordre à l'homme : Tu pourras manger de tous les arbres du jardin ; mais tu ne mangeras pas de l'arbre de la connaissance du bien et du mal, car le jour où tu en mangeras, tu mourras. » Genèse 2:16-17

La mort était là dans le jardin ; la vie était là, et la mort était là. Mais la mort n'avait aucun pouvoir. Elle était en sommeil. Seule régnait la vie ; la vie régnait sur tout. La vie avait le pouvoir. La mort était là, isolée, sans pouvoir. Alors, qu'est-ce qui donnait son pouvoir à la mort ? Parce que Jésus est venu vaincre la mort, mais pourquoi la mort régnait-elle ? Qu'est-ce qui lui donnait le pouvoir de régner ? L'Écriture dit que si vous mangez de cet arbre, vous mourrez certainement. Autrement dit, si vous faites cela (manger), vous activerez cela (la mort). Vous donnerez du pouvoir à quelque chose. Et quel était ce pouvoir ? C'était le péché ; c'était la désobéissance. Ne faites pas cela. Et si vous le faites, vous activerez le règne de ceci. Le péché est ce qui donne son pouvoir à la mort. Le pouvoir de la mort, c'est le péché. Si la mort a pu régner sur l'humanité, c'est à cause du péché. Dieu ne vient donc pas simplement vaincre la mort ; il doit d'abord vaincre le péché. C'est pourquoi nous avons besoin de la croix. La mort a régné parce que tous ont péché. Celui qui est sans péché vient, naît et marche sur la terre. Il veut mourir à votre place pour que vous puissiez avoir la vie « zoé » qu'il a, la vie éternelle en abondance. Il a dit : « Je suis venu pour que vous ayez la vie « zoé » en abondance, la vie éternelle. » Jésus disait : « Voilà ce que je veux que vous ayez ; voilà ce que j'ai, et je veux vous le donner. »

Mais pour cela, il ne doit pas seulement mourir ; il doit payer pour le péché. Il doit vaincre le péché, et s'il le triomphe, il ôte le pouvoir à la mort – c'est ce qu'il est venu faire. Ôter le pouvoir à la mort. Mais Jésus n'était pas candidat à la mort. C'est un problème ; seul le péché peut déclencher la mort, mais Jésus n'avait pas de péché. Il n'était pas candidat à la mort. Le Vivant a marché sur terre sans pécher ; il n'était pas candidat à la mort. La mort n'avait aucun pouvoir sur lui. Le prince de la mort, Satan, n'avait aucun pouvoir sur lui. Jésus a dit : « Le prince de ce monde vient, mais il n'a rien en moi. » Il n'avait pas peur de lui, car la mort n'avait aucun pouvoir, aucun droit sur sa vie. Alors , que doit-il faire ? Jésus veut mourir pour nous donner la vie, mais il n'est pas candidat à la mort. Ainsi , sur la croix, Dieu, qui est éternel, qui est dans le futur et le passé, prend votre péché et celui de tous ceux qui croiront un jour, et le place sur lui. Il ne peut mourir que si vos péchés sont sur lui. Autrement, il ne peut mourir. C'est ainsi que quelqu'un, hors du temps, peut aller vers l'avenir, vers ceux qui placent leur foi en lui et disent : « D'accord, je vais prendre vos péchés et les mettre sur lui. »

La seule raison pour laquelle Jésus a pu mourir, c'est parce que votre péché était sur lui. Ainsi, lorsque vous croyez en Jésus, vos péchés sont effacés et vous êtes déclaré juste. La preuve en est que Jésus a pu mourir. Il ne pouvait pas mourir parce qu'il était sans péché ; le péché devait être placé sur lui. La preuve de votre justice est la mort de Jésus-Christ, car il ne pouvait pas mourir si votre péché était resté sur vous et non sur lui. Il serait resté en vie ; il y a eu un grand échange. Sa justice vous a été donnée, et votre péché a été placé sur lui. Je veux que vous viviez avec une révélation de votre justice, votre libération du pouvoir du péché et de la mort. Ainsi, si le péché a été effacé et que vous êtes déclaré juste, la mort n'a plus aucun pouvoir sur vous. C'est pourquoi Jésus dit : « Je suis la résurrection et la vie ; quiconque croit en moi vit, même s'il meurt. » La mort a perdu son aiguillon ; son pouvoir a disparu pour vous et pour moi. Telle est la bonne nouvelle de la résurrection.

« Ainsi donc, puisque les enfants participent au sang et à la chair, il y a également participé lui-même, afin que, par la mort, il anéantît celui qui avait la puissance de la mort, c'est-à-dire le diable, et qu'il délivrât ceux qui, par crainte de la mort, étaient toute leur vie retenus dans la servitude. » Hébreux 2:14-15

Il est devenu comme nous, puis est mort à notre place, afin que celui qui détenait le pouvoir de la mort – Satan, le diable – le perde, et que ceux qui étaient liés par la peur de la mort toute leur vie soient libérés. Vous devriez être libérés du pouvoir de la peur de la mort.

« Lorsque ce corps corruptible aura revêtu l'incorruptibilité, et que ce corps mortel aura revêtu l'immortalité, alors s'accomplira la parole

qui est écrite : La mort a été engloutie dans la victoire. Mort, où est
ton aiguillon ? Enfer, où est ta victoire ? » 1 Corinthiens 15:54-55

Pensez à une abeille. Si elle n'a pas la capacité de vous piquer, autant dire que c'est une mouche. Quand on voit une abeille, on se dit : « Oh là là ! » Et certaines abeilles ont des dards qui nous font penser : « Ne touche pas à cette abeille. » Mais une mouche ? On se dit : « Bon, peu importe, éloigne-toi de moi. » On ne panique pas en se disant : « Oh là là, c'est une mouche. » On se dit juste : « Ouais, peu importe, ce n'est qu'une mouche. Je n'en veux pas forcément chez moi ; c'est une source d'irritation. » Mais elle n'a rien qui puisse nous faire peur. C'est ce qui est arrivé à la mort. Paul se moquait de la mort. Il avait eu une révélation de la vie en Christ par la résurrection, et il s'en moquait. « Où est ton aiguillon ? Où est ta victoire ? »

Même lorsque des saints bien-aimés meurent, ils vivent. Ils entrent dans la plénitude de la révélation du Christ, des vivants. Toute douleur a disparu. Nous pleurons parce que nous perdons des êtres chers et des amis, mais eux sont vivants. S'il n'y avait ni mort ni résurrection, ce serait très dur, mais grâce à la mort et à la résurrection, ils sont parmi les vivants. La Bible dit que nous sommes entourés de témoins – une nuée vivante de témoins. D'abord, l'Écriture parle de leur mort ; ils sont tous morts. Mais maintenant, nous sommes entourés d'eux parce qu'ils ne sont pas morts. Bien qu'ils meurent, ils vivent. Et Il dit que vous êtes observés par tous ceux qui vous ont précédés et qui ont proclamé la foi que vous avez aujourd'hui. Il dit qu'ils vous observent. Courez ! Dépouillez-vous de ce qui vous entrave, le péché, qui donne son pouvoir à la mort. Dépouillez-vous-en et courez la course. Fixez vos yeux sur Jésus.

Je ne vis pas avec la peur de la mort. Je ne veux pas que vous viviez avec la peur de la mort. Je n'ai pas peur de mourir à 30, 40 ou 50 ans – peu importe. Parce que je suis parmi les vivants, et la mort n'a aucun pouvoir sur moi. Nous devons comprendre cela. Si je venais à disparaître, certains pourraient me regretter, d'autres non. Certains pourraient se réjouir de mon départ. Mais depuis que j'ai cru, la mort a perdu. Elle ne peut pas célébrer ma mort. Elle a perdu son pouvoir. Elle sait : « Oui, lui aussi, il ressuscitera. » Tout le passé et tout l'avenir de ceux qui croient et placent leur confiance dans le Seigneur ressusciteront. Savez-vous qu'à la mort de Jésus, les tombeaux ont été ouverts ? Ceux qui avaient cru au Seigneur avant même la croix en sont sortis. Imaginez ce que c'était ? Je le vois : « Est-ce David ? Est-ce Néhémie ? Est-ce Jérémie ? Que fais-tu ici ? » Ils disent : « Oh, la mort a perdu son emprise sur moi. » C'est arrivé. Ce sont des historiens, pas seulement des croyants, qui en témoignent.

C'est pourquoi, avec le christianisme, les gens ont tant essayé de le prouver, sans succès. Et lorsqu'ils en parlent ou font des recherches, il se révèle encore plus vrai . Tous ceux qui ont fait des recherches pour prouver son inexactitude ont découvert que c'était vrai. Puis ils se disent : « N'en parlons pas, car plus on essaie de le démystifier, plus on réalise qu'il est vrai. » Et plus la vérité est révélée, plus elle prend de la force. Des historiens, des non-croyants, ont écrit sur ces événements. La mort et la résurrection de Jésus-Christ sont rapportées par des historiens. Imaginez quelqu'un qui a fait ce que Jésus a fait. Il a attiré l'attention des historiens. Leur travail est comparable à celui des journalistes : informer le monde connu de ce qui se passe en différents endroits. Eh bien, quelqu'un marche sur l'eau et nourrit des foules immenses avec le déjeuner d'un enfant. Il guérit ; les aveugles voient, les muets parlent, les boiteux marchent. Et ils enregistrent tout cela. Et arrive le moment où cet homme extraordinaire est assassiné – faussement accusé et assassiné. Ils enregistraient ça, et c'était comme un moment d'emoji triste.

Mais le troisième jour, il est ressuscité. Il a fallu coucher cette histoire par écrit. Je vous le dis, ce sont les historiens qui l'ont rapportée, pas seulement les apôtres. Voici ce qu'ils ont découvert. Certains tentent de prouver que c'est une fiction, mais en l'étudiant, ils constatent : « Non, non, non, ce ne sont pas seulement les disciples qui l'ont rapportée. Partout, des historiens ont suivi et consigné. » Donc, il est inutile de mentir. Et la seule façon de savoir si quelque chose est vrai – la seule façon de savoir qu'Alexandre le Grand a vécu – c'est grâce à l'histoire, aux peintures, aux vases en terre cuite et aux écrits historiques. Sans eux, c'est qu'il n'a pas existé. Il faut un certain nombre d'éléments pour prouver qu'une personne a réellement vécu, et Jésus est la personne la plus documentée de l'histoire – non seulement sa vie, mais aussi sa mort, son ensevelissement et sa résurrection. Il a marché sur terre pendant quarante jours après sa résurrection. On raconte qu'à un moment donné, cinq cents personnes se sont rassemblées autour de lui et l'ont écouté. Ils l'ont vu mourir, être enterré, mort depuis trois jours, revenir d'entre les morts et marcher parmi eux, les mains et les pieds encore troués, et pourtant vivant. Pendant quarante jours – un peu plus d'un mois – il est resté là, sans rien dire. Et à un moment donné, 500 personnes se sont rassemblées autour de lui pour l'écouter enseigner après sa résurrection. Il n'y a pas eu un instant « peut-être que je l'ai vu ». Ce n'était pas une expérience « en quelque sorte ». Ils ont mangé avec lui et tout, et puis il a fait comme Néo dans Matrix – directement au Paradis, et ils ont regardé.

Si c'était inventé, ce serait tout simplement oublié. Même le grand prêtre et le Sanhédrin ont assisté à cette scène et à sa dissimulation. On y raconte comment ils ont tenté de dissimuler l'affaire dans les Écritures. Ils ont payé les gardes présents lorsque les anges sont apparus, puis Marie et les autres. À l'apparition de l'ange, les gardes ont tremblé et sont tombés comme morts. Ils ont vu l'ange ; ils ont vu la pierre tombale rouler. Au début, ils ont cru à un tremblement de terre, mais soudain, boum, un ange apparaît. Et à chaque passage des Écritures, lorsqu'un ange apparaît, la crainte de Dieu est omniprésente. Et ces soldats romains, ces hommes endurcis qui ont tué des hommes, tombent. Ils s'évanouissent. Et l'ange dit : « Dis donc, dis donc, je sais que vous êtes ici pour Jésus. N'ayez pas peur. Je dois vous dire quelque chose. Pourquoi cherchez-vous le vivant parmi les morts ? Il n'est pas ici. Souvenez-vous de ce qu'il vous a dit : le Fils de l'homme mourrait de la main des hommes, mais le troisième jour, il ressusciterait. » Et ils se souvinrent de ce qu'il avait dit. Mais ce qu'il avait dit était trop impossible à croire avant de l'avoir vu de leurs propres yeux. Même les apôtres et les disciples, lorsqu'ils arrivèrent et qu'on leur annonça ce qui s'était passé, dirent : « Non, c'est impossible. » J'aime la façon dont Jésus, lorsqu'il guérit l'aveugle, demanda : « Quelqu'un a-t-il déjà fait cela ? » Imaginez ce qu'ils ont dû penser après la mort et la résurrection de Jésus. Personne ne priait pour sa résurrection ; ils n'y croyaient pas. Ils ont vu son corps se faire mutiler. Ils ont dû penser : « Il n'y a aucun moyen de le restaurer. » Mais heureusement, la vie – l'Esprit de vie – est venue. Je veux que nous marchions dans la même puissance de vie.

Et si Christ n'est pas ressuscité, votre foi est vaine ; vous êtes encore dans vos péchés. Alors aussi, ceux qui sont morts en Christ ont péri. Si c'est dans cette vie seulement que nous espérons en Christ, nous sommes les plus malheureux de tous les hommes. 1 Corinthiens 15:17-19

S'il n'y a pas de résurrection, s'il n'y a pas de victoire sur la mort, alors le péché a encore du pouvoir sur vous et votre foi est vaine. Paul pense que la mort n'est qu'un endormissement. Ils ne considèrent plus la mort des saints comme une mort, mais simplement comme un endormissement. Or, si le Christ n'est pas ressuscité, alors ils ne se sont pas endormis : ils ont péri. Le péché a toujours du pouvoir, ce qui signifie que la mort a toujours du pouvoir, ce qui signifie que ceux qui se sont endormis ne dorment pas ; ils sont morts.

« Mais maintenant, Christ est ressuscité des morts, prémices de ceux

qui sont morts. Car, puisque la mort est venue par un homme, c'est aussi par un homme qu'est venue la résurrection des morts. Car, comme tous meurent en Adam, de même aussi tous revivront en Christ. » 1 Corinthiens 15:20-22

Paul essaie de nous faire comprendre ceci : sans la mort et la résurrection, le péché n'a pas perdu son pouvoir, la mort n'a pas perdu son pouvoir, et nous n'avons aucun espoir. Mais ce n'est pas le cas. Grâces soient rendues à Dieu qui a ressuscité le Christ d'entre les morts.

« Il n'y a donc maintenant aucune condamnation pour ceux qui sont en Jésus-Christ, qui marchent, non selon la chair, mais selon l'Esprit. Car la loi de l'Esprit de vie en Jésus-Christ m'a affranchi de la loi du péché et de la mort. » Romains 8:1-2

Je voudrais maintenant aborder certains mystères afin que nous puissions marcher dans la puissance de la résurrection. Il est important de comprendre que les Écritures révèlent trois cieux (2 Corinthiens 12:2). Le premier est celui où volent les oiseaux et les avions. Le deuxième est celui où règnent les puissances, les trônes et les dominations – les puissances démoniaques. Mais au troisième ciel, il y a un Roi. Qui est ce Roi ? Jésus. Et son Royaume doit régner sur tous les trônes, toutes les puissances et toutes les dominations. Nous sommes assis avec lui au troisième ciel pour régner sur toute principauté, toute puissance, tout trône et toute domination.

Où la mort exerce-t-elle son pouvoir ? Au deuxième ciel. Mais la loi de l'Esprit de vie en Christ règne sur le troisième ciel, et la loi du péché et de la mort règne sur le deuxième ciel. La loi de l'Esprit de vie en Christ est l'Évangile. La loi du péché et de la mort est la loi mosaïque de l'Ancien Testament. Ainsi, lorsque vous transgressez le deuxième ciel, à quoi donne-t-il pouvoir ? Au péché et à la mort ; vous activez la loi du péché et de la mort. Mais lorsque, selon 1 Jean 1:9, vous confessez vos péchés, il est fidèle et juste pour vous pardonner et vous purifier de toute injustice. Et si vous n'avez pas d'injustice, vous êtes juste. Toute porte du deuxième ciel doit vous être fermée. Le péché, la mort et le mal ne doivent pas avoir de pouvoir sur votre vie. Cela ne signifie pas que nous ne pouvons pas leur donner de pouvoir, mais ce n'est pas obligatoire.

Paul précise que cela s'adresse à ceux qui ne marchent pas selon la chair, mais selon l'Esprit. Si nous marchons selon la chair et la gratifions, nous ouvrirons nos vies au pouvoir du péché et de la mort. La résurrection est la victoire sur le péché et la mort. Parce que son sang a été versé, il a pris le pouvoir de la mort, fermé l'accès au deuxième ciel pour vous et moi et nous a déclarés justes pour nous approcher avec assurance du trône de grâce et nous asseoir avec lui au troisième ciel.

Car chose impossible à la loi, parce que la chair la rendait sans force, Dieu a condamné le péché dans la chair, en envoyant, à cause du péché, son propre Fils dans une chair semblable à celle du péché. Il a condamné le péché dans la chair, afin que la justice de la loi soit accomplie en nous qui marchons, non selon la chair , mais selon l'Esprit. Car ceux qui vivent selon la chair s'affectionnent aux choses de la chair, tandis que ceux qui vivent selon l'Esprit s'affectionnent aux choses de l'Esprit. Car l'affection de la chair, c'est la mort, tandis que l'affection de l'esprit, c'est la vie et la paix. Romains 8:3-6

Il fait référence à la loi mosaïque. Je ne veux pas que vous activiez la mort par le péché et que vous soyez comme Adam et Ève, qui continuent d'activer le pouvoir de la mort dans votre vie. La maladie et l'anxiété, la peur elle-même, sont la preuve de l'activation du deuxième ciel dans votre vie – du pouvoir de la mort. Mais c'est un don merveilleux, car je dis toujours que Satan est comme un mauvais joueur de cartes ; il joue toujours trop fort. Si je suis malade, je sais que j'ai fait quelque chose : j'ai ouvert le deuxième ciel.

J'aime beaucoup l'exemple d'Élisée : il se comporte trop comme un père spirituel, il élève trop de fils spirituels, et il en a trop à l'école des prophètes ; il a besoin d'agrandir son espace. Quelqu'un a emprunté un fer de hache pour cela, et alors qu'il abattait des arbres, le fer a volé dans la rivière. L'homme a haleté, a crié parce qu'il l'avait emprunté. C'était très cher ; il ne pouvait pas le payer. Il allait avoir des ennuis. Alors Élisée dit : « Montre-moi où il est tombé. » Montre-moi où tu l'as perdu. Alors, quand quelque chose se passe dans ma vie qui est la preuve de la puissance du deuxième ciel qui essaie de montrer sa domination sur moi, je reviens simplement au point de départ. Où ai-je perdu la paix ? Où ai-je perdu la guérison ? Où ai-je commencé à voir cela arriver ? Et je prie : « Saint, peux-tu me montrer ? Ai-je donné un quelconque droit au deuxième ciel dans ma vie ? » Et Il dira quelque chose comme : « Oui, dans ce domaine, lorsque vous avez parlé à votre fils, ou à votre femme, ou à cette personne de cette manière. »

Pierre dit que vos prières peuvent être entravées par la façon dont vous traitez votre femme. Si j'ai quelque chose à faire, je me dis : « D'accord, c'est aussi simple que de me repentir, car j'ai l'antidote au péché à ma disposition : le sang de Jésus. Je dois marcher humblement devant Dieu chaque jour et me laisser guider par l'Esprit afin de vivre selon la loi de l'Esprit de vie en Christ. » Mais il y a encore mieux. La Bible dit que si je le fais, alors le troisième ciel règnera pleinement. Nous voulons que le troisième ciel règne dans votre vie.

Deutéronome 28:1-14 parle du règne du troisième ciel pour ceux qui obéissent. Mais Deutéronome 28:15 et les suivants : de quoi parle-t-il ? Du règne du deuxième ciel. C'est la suppression de tout et la fermeture du troisième ciel ; vous serez la queue et non la tête, la maladie, et toutes ces choses qui ont frappé l'Égypte vous frapperont. La preuve de tout cela n'est que la preuve que nous avons transgressé la loi du péché et de la mort. Alors, nous nous repentons, fermons la porte, obéissons et ouvrons une meilleure porte. Vous savez que les Écritures parlent de portes, et Jean dit : « J'ai vu une porte ouverte au ciel. » Il y a apparemment des portes et des fenêtres dans l'esprit, et elles peuvent être ouvertes ou fermées. Si aucune bénédiction ne se déverse – ni joie, ni paix, ni santé, ni prospérité – ces choses, ou celles dont parle Deutéronome 28:1-14, vous surprendront. Ce n'est pas grave ; cela signifie simplement que nous fermons le troisième ciel. Maintenant, nous nous repentons. Cela requiert la nature du Christ. Il a dit : « Que ce qui était en lui soit en vous. Bien qu'il fût Dieu, il n'a pas considéré son égalité avec Dieu comme une chose, mais il s'est humilié et est mort sur la croix, d'une mort criminelle. » (Philippiens 2) C'est l'humilité ; il faut être conscient de soi. Assez humble pour évaluer : Ai-je ouvert une porte ? Car l'antidote pour fermer le deuxième ciel est trop facile. Mais on ne peut pas prétendre vivre dans la vie abondante « zoé » sans que Deutéronome 28:1-14 ne prenne le dessus sur sa vie.

Le règne de Dieu doit prendre le dessus, et ses bénédictions et sa faveur prendront le dessus. Si quelque chose d'autre prend le dessus, ce n'est pas son droit. Nous lui avons donné le pouvoir. Reprenons-le par la repentance. Peu importe le titre que vous donnez à mon nom ; je peux le transgresser aussi vite que n'importe qui. Je vous promets que beaucoup de gens reçoivent plus de grâce que moi, car je suis un leader dans le corps de Christ. Combien d'entre vous savent que les enfants reçoivent plus de grâce que leurs parents ? Si vous vous promeniez dans une épicerie et qu'un parent se comporte comme un enfant de deux ans, vous ne penseriez pas à ce parent comme à cet enfant. On voit un enfant crier et on se dit : « Oh, il est probablement fatigué. » Mais si on voit un adulte dans une épicerie crier et piquer une colère parce qu'il veut des Oreos, on se dit : « Lève-toi, tu es un adulte. »

Nous ne lui accorderions pas la même grâce, je vous le promets. Si vous me voyiez faire ça avec ma femme, vous vous diriez : « Bon, elle doit le quitter. » Vous ne me feriez pas grâce. Mais si vous voyez un petit enfant, vous vous dites : « Bon, il est fatigué ou accro au sucre », mais vous lui feriez grâce. En mûrissant en Christ, nous ne recevons pas la même grâce.

Le Seigneur pense : « Non, tu connais la loi de l'Esprit de vie en Christ. Tu as été éprouvé, tu as réussi ces épreuves, et maintenant tu régresses ? » Voyez-vous, Satan aimerait que j'ouvre cette porte. Vous savez à quelle vitesse il viendrait ? Il attend qu'une porte s'ouvre. S'il trouve quelqu'un qui vient d'être sauvé, il est heureux, mais s'il peut éliminer des pasteurs et des responsables, il se réjouit. S'ils ouvrent une porte, il vient. Si vous ouvrez une porte, nous la fermons. Je n'ai pas peur de cela ; elle a perdu son pouvoir. J'ai l'antidote : c'est le sang de Jésus ; c'est la repentance. Je n'essaie pas d'ajouter de la peur ; j'essaie de l'enlever en amenant les gens à réfléchir à leur façon de vivre afin de vivre selon l'Esprit de vie en Christ. Dieu ne peut s'en empêcher ; il essaie de déverser sa bénédiction, mais il ne transgressera pas le deuxième ciel. Si vous ouvrez une porte, il dit : « Je vous ai donné un antidote. » Mais le Seigneur observera la loi ; Il veut que vous triomphiez de cette loi par une loi plus grande et plus excellente. L'Évangile est une alliance meilleure, et il vous a donné l'antidote pour régner sur la loi mosaïque avec l'Évangile de Jésus-Christ, avec la loi de l'Esprit de vie en Christ. Il vous a donné l'antidote pour régner sur elle.

Nous devons choisir de marcher dans Zoé, la vie abondante, chaque jour. C'est notre droit. C'est notre héritage en Christ. L'Écriture dit que la foi est la substance des choses espérées. Le mot substance signifie « document légal ». La foi dit que nous avons droit à quelque chose. Si j'ai le titre de propriété de ma maison, elle est à moi : mon nom y est inscrit, pas celui de la banque. Si vous venez et dites : « C'est ma maison », je dirai :

« Non, ce n'est pas le cas. » Vous pourriez le répéter mille fois, et je répondrais encore : « Non, ce n'est pas le cas. » Vous pourriez me poursuivre en justice, mais j'aurai un document légal qui dit qu'elle m'appartient. La foi, c'est que j'ai le document légal ; le verdict est tombé : je possède quelque chose. La foi est la substance, la garantie légale de votre espérance. L'espérance, ce sont les promesses de Dieu, la vie Zoé, la vie abondante qui vous appartient pour toujours. La foi dit que vous comprenez que vous avez un document légal qui stipule que toutes les promesses de Dieu, tout ce qui appartenait à Adam et Ève et qui était perdu, vous appartient désormais. Tout ce que Jésus a racheté sur la croix vous appartient. La foi dit : « Cela m'appartient. » Deutéronome 28:1-14 m'appartient à cause de Jésus-Christ, de sa mort régnant sur le péché et de sa résurrection régnant sur la mort. C'est la preuve que la mort n'a aucun pouvoir et que le péché n'a aucun pouvoir sur vous. Si nous transgressons, il nous suffit de nous repentir et de dire : « Non, non, non, Seigneur, pardonne-moi, ce n'est pas le chemin de la vie. » La porte se ferme – boum ! Repoussez le diable et marchez selon l'Esprit de vie en Christ.

Priez avec moi : *Père céleste, merci de m'avoir donné le droit à la vie et d'être libéré du péché et de la mort grâce à Jésus-Christ. Nous te rendons grâce, Seigneur ! À toi appartiennent la victoire et la gloire pour toujours, Seigneur. Nous déclarons que nous avons la vie, la paix et la liberté. Que nous vivrons et régnerons avec toi pour toujours. Nous déclarons que ton triomphe au tombeau vide est notre triomphe sur la mort. Nous te remercions pour le sang de Jésus et pour la résurrection. Au nom de Jésus, amen !*

Questions de discussion

1 . Comment la résurrection de Jésus-Christ change-t-elle votre vision du péché et de la mort dans votre vie ? De quelle manière la reconnaissance de la victoire sur la mort par Jésus influence-t-elle votre façon d'affronter vos peurs et vos défis ?

2 . À quoi ressemble concrètement pour vous la vie dans la « vie abondante » offerte par Jésus ? Comment pouvez-vous marcher activement dans l'Esprit de vie en Christ pour vivre cette vie abondante chaque jour ?

3 . Dans quels domaines de votre vie la marche selon la chair vous a-t-elle empêché de marcher selon l'Esprit ? Comment la compréhension des lois de l'Esprit qui donnent la vie, par opposition à la loi du péché et de la mort, influence-t-elle vos décisions et vos actions quotidiennes ?

CONCLUSION
VIVRE EN TANT QUE CITOYENS DU ROYAUME

Alors que nous concluons notre exploration de Jésus et du Royaume, une puissante invitation nous est adressée : non seulement comprendre le Royaume, mais aussi vivre en citoyens actifs et autonomes. Au fil des pages de ce livre, nous avons vu le besoin profond d'un Royaume, la promesse de Dieu de l'établir, son avènement en la personne de Jésus-Christ, la voie et la culture de ce Royaume, et la victoire de Jésus sur la mort pour inaugurer le royaume de Dieu sur terre. Nous sommes désormais appelés à y répondre, non seulement par notre esprit, mais aussi par notre vie.

Un royaume qui n'est pas de ce monde

Le Royaume de Dieu n'est pas un simple concept théologique abstrait ; c'est une réalité présente et un espoir pour l'avenir. Jésus a instauré ce Royaume sur terre et, par sa mort, son ensevelissement, sa résurrection et l'effusion du Saint-Esprit, il nous a donné le pouvoir de vivre en citoyens de ce Royaume aujourd'hui. Le Royaume est le lieu où le règne de Dieu est reconnu et manifesté dans nos vies. Jésus lui-même a déclaré : « Le royaume de Dieu est au milieu de vous » (Luc 17:21).

Notre cheminement en tant que citoyens du Royaume commence par la compréhension que nous ne sommes plus liés aux systèmes et aux pouvoirs de ce monde. La voie du Royaume est radicalement différente des valeurs du monde. C'est une voie de service, d'amour, de sacrifice et d'humilité. La culture de ce Royaume est celle de la grâce, de la miséricorde, de la justice et de la paix. C'est un Royaume où nous vivons par l'Esprit et sommes appelés à être des agents de transformation dans un monde brisé.

Un royaume avec une mission

À la lumière de tout ce que nous avons appris, la question que nous devons nous poser est la suivante : comment ce Royaume façonne-t-il notre façon de vivre, de travailler et d'interagir avec le monde qui nous entoure ? Comment incarnons-nous les valeurs du Royaume dans notre quotidien ?

Premièrement, nous devons accepter l'appel à être des ambassadeurs du Royaume. Tout comme Jésus a manifesté le règne de Dieu sur terre, nous sommes maintenant appelés à manifester le Royaume dans tous les domaines de la vie. Que ce soit dans nos foyers, nos lieux de travail, nos communautés ou nos nations, nous devons apporter la loi de Dieu dans tous les domaines. Cela signifie rechercher la justice, promouvoir la paix, manifester l'amour et faire des disciples.

Deuxièmement, nous sommes appelés à vivre en accord avec la voie du Royaume. Il ne s'agit pas d'une vie de commodité ou de confort, mais d'une vie marquée par le sacrifice de soi et l'obéissance à la volonté de Dieu. Nous devons suivre l'exemple de Jésus, vivre avec l'état d'esprit d'un serviteur et le cœur d'un ambassadeur du Royaume. Les valeurs du Royaume contrastent souvent fortement avec celles du monde, et c'est dans cette différence que nous reflétons la lumière du Christ à ceux qui nous entourent.

Un royaume d'espoir

Enfin, nous devons vivre avec l'espérance du Royaume à venir. Si le Royaume a été inauguré en Christ, sa plénitude reste à venir. En vivant le Royaume maintenant, nous le faisons avec l'espérance de son accomplissement futur, lorsque le Christ reviendra établir le règne éternel de Dieu. Cette espérance nous donne la persévérance face aux difficultés et la joie au milieu des épreuves.

Un défi pour vivre différemment

Alors que nous terminons ce livre, je vous invite à embrasser votre identité de citoyen du Royaume de Dieu. Laissez la réalité du Royaume transformer votre façon de vivre, de penser et d'agir. Le Royaume exige une réponse de chacun de nous. Vivrons-nous comme si nous étions dans un monde qui passe, ou vivrons-nous en citoyens du Royaume éternel ?

À la lumière de tout ce que nous avons vu, comment allez-vous vivre maintenant ? Chercherez-vous d'abord le Royaume de Dieu et sa justice (Matthieu 6:33) ? Alignerez-vous votre vie sur les valeurs et la mission du Royaume, sachant que vous êtes appelé à être une expression vivante du règne de Dieu sur terre ?

Le Royaume de Dieu n'est pas une réalité passive ; il est actif, dynamique et transformateur. En tant que disciples de Jésus, nous avons le pouvoir de participer au plus grand mouvement que le monde ait jamais connu. Que la vérité du Royaume continue de façonner votre vie, de remettre en question votre façon de penser et de vous pousser à vivre différemment, pour glorifier Dieu et faire progresser son Royaume sur terre.

À PROPOS DE L'AUTEUR

Tom Cornell est le responsable principal de l'église SOZO dans l'État de Washington, fondateur de Walk in the Light International et du réseau SOZO. Tom est marié à sa belle épouse Katy et vit dans la région de Puget Sound avec elle et leurs trois enfants. Il est pasteur et enseignant du corps du Christ depuis 2008.

Il a la passion de voir le corps du Christ passer d'une mentalité d'orphelin à celle de fils ; équiper le corps pour faire l'œuvre de Jésus et voir le Royaume de Dieu se manifester ici sur terre.